伊達政宗

戦国から近世へ

南奥羽戦国史研究会……【編】

岩田書院

はしがき

遠藤　ゆり子

戦国時代の末から江戸時代初期に生きた伊達政宗は、永禄十年（一五六七）八月に現在の山形県米沢市で誕生した。ちょうど生誕四五〇年目に当たる二〇一七年は、仙台藩祖・伊達政宗のお膝元であった仙台をはじめとする各所で、節目の年に因んだ政宗にまつわる様々なイベントが開催された。

そのようななか、南奥羽戦国史研究会（詳細は後述）でも二つのシンポジウムを企画した。一つは東京で、もう一つは東北地方のうち伊達氏と所縁のある福島県伊達市で実施するというものである。報告者も東北を拠点に活躍される研究者にお願いしようということになり、福島県在住の高橋明氏・垣内和孝氏に打診した。また、政宗といえば青年期の戦国時代が注目されがちではあるが、仙台藩の礎を築いたことも重要である。そこで、近世史を専門とする研究者の籠橋俊光氏にも報告を依頼することとした。御三方にご快諾いただいたお陰で、シンポジウムの内容を地域的にも時代的にも幅を広げることが可能となった。

さらに幸いにも公益財団法人上廣《うえひろ》倫理財団のご協力を得て、東京と福島二つのシンポジウムは「上廣歴史文化フォーラム」として開催できる運びとなった。なお、東京では会場となった淑徳大学と板橋区教育委員会から、福島ではやはり会場となった伊達市教育委員会からもご協力を得ることができた。当日の会場設営や運営は、東京では淑徳大学人文学部歴史学科四年の遠藤ゼミのメンバーが、福島では福島大学行政政策学類の阿部浩一ゼミのメンバーが携わった。二つのシンポジウムの詳細は、次の通りである。なお、所属等はシンポジウム当時のものである。

①政宗生誕四五〇年記念シンポジウム.in東京

「伊達政宗、戦国大名から藩主へ　―支配のしくみの変遷をたどる―」

◇日時　二〇一七年九月二十三日(土)　一三：三〇～一七：〇〇

◇会場　淑徳大学東京キャンパス三号館　アリーナ

◇主催・共催　公益財団法人上廣倫理財団、淑徳大学、板橋区教育委員会、南奥羽戦国史研究会

◇報告　・佐藤貴浩(足立区立郷土博物館専門員)「戦国期の一門・家臣と領国支配」

・遠藤ゆり子(淑徳大学人文学部准教授)「戦国時代の村・町支配」

・菅野正道(仙台市博物館主幹)「仙台藩家臣団の形成過程」

・籠橋俊光(東北大学大学院文学研究科准教授)「江戸時代の村・町支配」

◇司会　佐々木倫朗(大正大学文学部教授)

②政宗生誕四五〇年記念シンポジウム.in福島

「伊達政宗の挑戦　―天正年間の南奥戦国史―」

◇日時　二〇一七年十一月十九日(日)　一三：三〇～一七：〇〇

◇会場　福島県伊達市ふるさと会館

◇主催・共催　公益財団法人上廣倫理財団、伊達市教育委員会、南奥羽戦国史研究会

◇報告　・高橋明（福島県史学会員）「会津奇襲、塩松・二本松の合戦」
・垣内和孝（郡山市文化・学び振興公社）「三春城の攻防と郡山合戦」
・高橋充（福島県立博物館学芸員）「相馬攻めから蘆名攻めへ」
・佐々木倫朗（大正大学文学部教授）「須賀川城の攻防と戦国の終焉」
◇司会・コーディネーター　阿部浩一（福島大学行政政策学類教授）

さらに、これらとは別に、伊達氏発祥の地である福島県伊達市でも、伊達市教育委員会主催で次に掲げる伊達市歴史文化講演会が開かれた。

③政宗生誕四五〇年記念講演会
「戦国大名伊達氏の胎動―政宗躍進の原動力をさぐる」
◇日時　二〇一七年十月二十九日（日）　一三：〇〇～一七：〇〇
◇会場　福島県伊達市梁川小学校講堂
◇報告　・今野賀章（伊達市教育委員会）「遺跡から見える戦国時代の伊達氏」
・山田将之（伊達市教育委員会）「南奥戦国時代のはじまりと伊達稙宗」
◇講演　・阿部浩一（福島大学行政政策学類教授）「戦国期南奥の政治情勢　―輝宗期を中心として―」
◇討論　進行　高橋充（福島県立博物館学芸員）

これら①〜③のシンポジウムおよび講演会の報告は、近年の研究成果を広く一般の方々に向けて伝えることを目的としたものであった。だが、従来の研究成果をまとめただけではなく、新たな知見も多く示された内容となった。そのため、一連の成果を一つの書籍としてまとめたいという話になり、岩田書院の岩田博氏に書籍化についてお願いしてみたところ、厳しい出版情勢であるにも係わらずご快諾をいただき、今日に至ることができた。この場をお借りして、岩田氏には改めてお礼を申し上げたい。

本書は、第一部「戦国大名伊達氏の胎動—政宗躍進の原動力」は③の講演会、第二部「伊達政宗の挑戦—天正年間の南奥羽戦国史—」は②のシンポジウム、第三部「伊達政宗、戦国大名から藩主へ—支配のしくみの変遷—」は①のシンポジウムで構成されている。内容も、基本的には講演会やシンポジウム当日の話を文章化したものだが、執筆者によっては大幅な訂正・加筆をしているため、その場合は各論考の注や付記で説明を加えた。

第一部の阿部浩一「政宗登場までの戦国南奥羽史—輝宗期を中心として—」は、政宗の父輝宗が、南奥羽の諸氏との間で交わした外政と和平を中心に考察したものである。二領主間の争いを中人として解決していた段階から、次第に多くの領主を巻き込む戦争が南奥羽で展開されるようになると、惣無事（複数領主の和平）を扱うように変容していく動向を描いている。

今野賀章「遺跡からみえる室町・戦国時代の伊達氏」では、伊達氏が国人から戦国大名へと「脱却」する過程を、伊達氏の館である梁川城跡とその周辺の都市プランから分析を加えている。

山田将之「戦国期南奥羽の中人制」は、南奥羽の領主同士の争いを仲裁して解決する、中人制に注目した論考である。南奥羽で定着していたこの紛争解決方法が、政宗期に大きく変化していくと指摘する。

第二部の高橋明「会津急襲、塩松・二本松の合戦」は、家督を継いだばかりの政宗による南奥羽での戦いを概観し、検証し直したものである。継嗣問題で揺れる蘆名領国への進軍と失敗、田村氏と対立する塩松大内氏との戦い、父輝宗を死に追いやった二本松畠山氏攻めに注目した。

垣内和孝「三春城の攻防と郡山合戦」では、天正十六年の田村領をめぐる伊達政宗と相馬義胤方の対立と、政宗による田村仕置までの動向を考察している。田村清顕死後の田村家当主の問題についても追究している。

高橋充「相馬攻めから蘆名攻めへ」は、政宗が領国を広げる契機となる天正十七年に起きた二つの戦いに注目した。五月の相馬義胤との戦いでは、政宗は田村領を支配下に置くことに成功し、六月には佐竹氏傘下の蘆名義広を黒川城から追い、同城へ入城する。これらの過程で、政宗が対峙した諸問題について検討を加えたものである。

佐々木倫朗「須賀川城の攻防と戦国の終焉」は、天正十七年六月に政宗が蘆名氏に摺上で大勝して以降、南奥羽での佐竹氏の影響力が弱まるなかで、佐竹領国に隣接する須賀川二階堂氏がとった動向を辿り、その意義を追究したものである。

第三部の佐藤貴浩「戦国時代の伊達氏一門・家臣と領国支配」では、政宗の曾祖父に当たる稙宗から祖父晴宗・父輝宗段階の一門・家臣について確認した上で、天正期の政宗の一門・家臣（特に側近）を整理し、前代までと比較しつつその特色を明らかにした。

遠藤ゆり子「戦国大名伊達政宗の村・町支配」は、近年明らかとなった戦国期の東北地方における村請の村の存在を踏まえて、政宗段階の村町の実態に迫ろうとしたものである。

籠橋俊光「近世大名伊達政宗の村落政策」は、政宗が直面していた開発問題への対応や、仙台藩の支配体制が整う以前の村落を支配するしくみを明らかにした研究である。

なお、菅野報告は諸事情により、本書に収録することができなかった。

そして本研究会メンバーのうち、仙台市博物館の学芸員で特別展『伊達政宗―生誕四五〇年記念』を担当し、講演等に携われなかった佐々木徹氏には、同展に関わるレポート「特別展『伊達政宗―生誕四五〇年記念』ができるまで」を寄せていただいた。二〇一七年秋に仙台市博物館で開催された同展の準備過程と展覧会の特色について、裏話などを盛り込みながら綴った内容となっている。なお、付録として同展の図録から、伊達政宗関係年表・系図・地図を再録させていただいた。

本書を編集した南奥羽戦国史研究会とは、伊達氏重臣の「遠藤家文書」発見を受けて、二〇一一年秋に宮城県白石市で開催されたシンポジウムの報告者が中心となって作った、仙台市を拠点とする勉強会である。当時、青森県弘前市に単身赴任中だった筆者が、報告者の菅野正道・高橋充・佐々木倫朗、シンポジウムに参加されていた旧知の阿部浩一・佐々木徹に声をかけたことから本会は始まった。不定期で集まっては、伊達輝宗期の『治家記録』(近世に編纂された伊達家の正史)の輪読、文書調査や巡見を行いながら親睦を深めている。

二〇一二年からは、筆者が帰省した際に声をかけた東京で活躍する若手の研究者とも同名の勉強会を作り、『伊達天正日記』(戦国末期の伊達政宗の日記)の輪読を続けている。その成果の一部は、南奥羽戦国史研究会編『伊達天正日記　天正十五年』(岩田書院、二〇一八年)として公刊しており、本書でも多く引用されている。なお、現在のメンバーは、遠藤・佐藤貴浩・菅原義勝・高橋俊介・戸谷穂高・山田将之である。

具体的な本書の編集作業は、本会メンバーのうち遠藤と高橋充・佐々木徹が務めさせていただいた。本書により、伊達氏研究および伊達政宗研究がますます進展することとなれば幸いである。

伊達政宗　目次

引用史料　略称一覧

・「性山公治家記録」は、「性山」と略記。
・「貞山公治家記録」は、「貞山」と略記。
・『大日本古文書　家わけ第三　伊達家文書』は、『伊達』と略記し、文書番号を記す。
・『福島県史』7　資料編2　古代・中世資料は、『福島』と略記し、中世編の文書番号を記す。
　なお、文書番号は、便宜的にすべて漢数字で表記した。
・「伊達天正日記」(「伊達家日記」「天正日記」などともいう)は、「天正日記」と略記。なお、同日記を翻刻した書籍には次の二冊がある。執筆者により、どちらを使用したか異なるが、その別は明記していない。
　南奥羽戦国史研究会編『伊達天正日記　天正十五年』(岩田書院、二〇一八年)……天正十五年分の日記を所収
　小林清治編『戦国史料叢書11　伊達史料集』(人物往来社、一九六七年)……天正十六～十八年分の日記を所収
・『仙台市史』資料編10　伊達政宗文書1は、『仙台』と略記し、文書番号を記す。

第一部　戦国大名伊達氏の胎動

——政宗躍進の原動力——

政宗登場までの戦国南奥羽史
―輝宗期を中心として―

阿部浩一

はじめに

南奥羽の戦国史は、古くから伊達氏を軸とした領国経営、法制史、南奥羽統一までの攻防の歴史などを軸に研究が進められ、戦国争乱から天下統一に向かう趨勢のなかで、最終段階まで統一の進まなかった「後れた地域」という見方が大勢を占めていた。しかし、近年は佐竹氏の白川領南郷進出について詳細が解明され（佐々木二〇一二）、東北地方（奥羽）の一部でありながら地理的に近い関東（あるいは北陸）の影響を強く受ける「奥羽と関東のはざま」と捉える見方が提示される（高橋二〇一三）など、従来の伊達氏中心の戦国南奥羽史を克服しようとする研究が活性化しつつある。加えて、統一が進まなかったのは郡主・大名連合が中人（調停者・仲裁人）による調停機能によって講和を実現し、一定地域にわたる平和秩序を保持しようとしたことにあり、そこに南奥羽の地域的特質を見いだそうとする見解（小林二〇〇三、山田二〇〇九）も提起されている。

そのようななか、二〇一〇年に宮城県白石市で発見された「遠藤家文書」は、伊達輝宗の重臣遠藤基信にかかわる中世文書を多く含むこともあって、大いに注目を集めた。それとともに、江戸時代に仙台藩が編纂した伊達家の正史である『伊達治家記録』を軸に構築されてきた従来からの戦国南奥羽史像の再検討の必要性が強く意識されるようになった。こうして「遠藤家文書」シンポジウム（歴史シンポジウムin白石「南奥羽の戦国世界―新発見！　遠藤家文書に見る戦国大名の外交―」二〇一一年十二月十日、白石市）でのパネラーたちを中心に、輝宗の事績を記した「性山公治家記録」（以下「性山」）を輪読する研究会が発足し、私も幸いなことにその末席に加えてもらうことができた。輪読はその途上であるが、参加者の共通認識として生まれてきたのは、ともすれば過小評価されてきた輝宗への再評価の機運である。既に菅野正道氏は、輝宗は比較的地味な存在としてみられがちであるが、蘆名盛氏との太い関係を軸に、奥州探題としての意識を背景とした外交関係を展開しており、印判状の登場など、伊達氏の領国支配は輝宗期に大きな画期を迎えた可能性があると評価している（菅野二〇一六）。

ここでは輪読会での共通認識である輝宗政権の再評価を軸に据えながら、その足跡を辿ることで、政宗登場までの戦国南奥羽史を概観することにしたい。

一　輝宗政権の成立

1　戦国期の伊達氏と家督相続

輝宗登場以前の伊達家では、父子・兄弟間での不和・対立が相次ぎ、大規模な戦乱に拡大することもあるなど、当主の地位は決して安泰なものとは言えなかった。明応二年（一四九三）に尚宗は弟出羽守と争い、蘆名氏のもとに一時避難したという。天文十一年（一五四二）から同十七年まで、伊達稙宗と晴宗父子の対立に家中が分裂し、南奥諸氏をも巻き込んで天文の乱が繰り広げられたことはよく知られている。晴宗と輝宗父子についても、その不和を伝える記録がある（『伊達正統世次考』）。

晴宗のもとで権勢を振るったのが、重臣の中野宗時とその子牧野久仲である。天文の乱後、稙宗は丸森に隠居し、家督を相続した晴宗は本拠を米沢に移した。そして「晴宗公采地下賜録」（以下「下賜録」）に伝わるように、晴宗は戦争中に乱発した恩賞を整理し、家臣団を再編成していった。宗時は、「下賜録」で把握されるだけでも米沢を始めとする広大な所領を有し、守護不入や商人に対する種々の特権、のちに七ヶ宿街道と呼ばれる重要な交通路を掌握するなど、その勢力は当主晴宗を凌駕せんばかりのものであった。

晴宗の子輝宗が家督を継いだのは、永禄八年（一五六五）頃とされる（「性山」）。輝宗が米沢城に入り、父晴宗は信夫郡杉妻城に隠居した。叔父実元は既に大森城にあり（後述）、ここに米沢盆地の輝宗と信達盆地の晴宗・実元という二重構造が現出することになる。

輝宗が最初に行ったのが、永禄九年の蘆名盛氏との関係改善である。伊達氏と蘆名氏は「累代重縁」「骨肉」の関係にあったが、永禄七年に蘆名氏と対立する二階堂輝行に伊達氏が荷担したことで不和となっていた。その背景には、伊達氏を軸とする奥羽諸氏の複雑な婚姻関係もあったようである。盛氏室と輝行室はともに稙宗女であったが、加えて輝行の子盛行の室が晴宗女であったという姻戚関係の強さがあった。そこで盛氏も子盛興と晴宗女（輝宗妹）との縁組を求めたが叶わず、輝宗の代になってその妹を養女とするかたちで縁組が調ったことにより、起請文が作成され、盛氏は晴宗から離れ輝宗を支持することを約している（「性山」、「伊達家文書」一―二六六、以下「伊達」）。晴宗とは異なる輝宗の独自路線が打ち出された端緒といえよう。なお、同時に盛興も輝宗に起請文を送り（「伊達」一―二六八）、蘆名家家臣四人も伊達家家臣三人に宛てて起請文を出している（「性山」、「伊達」一―二六七）。宛所の中野宗時・濱田宗景・牧野宗仲が当時の伊達家重臣であり、複数の大身家臣が当主を支える旧来からの構造は輝宗のもとでも踏襲されていた。

2　元亀の叛をめぐって

こうした家中の権力構造に大きな転換をもたらしたのが、元亀元年(一五七〇)に勃発した「元亀の叛」と呼ばれる、中野宗時・牧野久仲父子の謀叛と追放という政変である(小林一九六七)。「性山」の伝えるところによれば、宗時は奥州探題に任じられた晴宗のもとで守護代の一人に任じられて権勢を振るい、輝宗に対しても驕り高ぶる態度を取りつづけ、出仕を怠るようになった。代わりに使者に立てた家臣遠藤基信が輝宗に登用されると、危機感を覚えた宗時は基信暗殺を企てて失敗し、基信の告発を受けた輝宗も宗時の傲慢ぶりを憎むようになった。そこで宗時は先手を打ち、新田義直らを巻き込んで謀叛を企んだが、基信の策略で義直の父景綱が機先を制するなどしたため、旗色の悪くなった宗時らは相馬方面へ敗走したという。

元亀の叛については「性山」以外の史料に乏しく、目下のところは伊達家編纂の正史の叙述に拠るしかない。ただ、「性山」では一貫して基信が政変の背後で暗躍し、謀叛鎮圧の功績を高く評価される話になっており、宗時自身は相馬への出奔後も帰参を願い出ていること、宗時の所持していた広大な所領等の経済基盤の一部は論功行賞とされてはいるが、その多くが輝宗のもとに収められたと推察されること、そして当主の地位をも脅かしかねない大身家臣を排除し、その後継として基信を側近に抜擢して輝宗が権力集中をはかったことを思えば、状況証拠としてはむしろ輝宗側が仕掛けた政変だった可能性を十分に疑わせる。菅野氏も「輝宗が中野・牧野父子を排除した一種のクーデターとみるべき」と評価している(菅野二〇一六)。

ところで、中野宗時が相馬出奔後に伊達家への帰参を願い出て頼ったのが父晴宗であり、宗時を大森城にかくまったのが叔父実元であった（「性山」）。実元は自身の越後上杉氏への養子入り問題が天文の乱の直接の原因になったと伝えられる人物でもある。乱後は晴宗のもとに留め置かれたが、家督を相続する嫡子以外は他家に養子に出されるのを常とする伊達家にあって、異例の処遇でもあった（佐藤二〇一三）。大森城は、伊達氏の米沢移城後、梁川城や桑折西山城に代わって信達盆地および中通り南部の軍事拠点として重視された城である。

実元は宗時・久仲を大森城に匿い、輝宗に侘び言を取り次いだが、輝宗は願いを認めないばかりか、使者に対面しようとせず、宗時らは失意のもとに相馬に還った。その後、宗時は相馬氏に重用されたが、輝宗重臣の遠藤基信の策略で、宗時が伊達氏に内通しているとの疑いを相馬氏にかけさせたことにより、いたたまれなくなった宗時は会津に奔走し、客死したという（「性山」）。

一方、年未詳ではあるが（元亀二年と比定する説もある（佐藤二〇一三））、蘆名盛氏は佐竹義重との合戦での勝利の様子を輝宗に伝えた書状で、「実元御恐怖の事」は仕方のないことで意外に思っており、中野宗時がなお在留しているのは不安であろうと書き添えている（「伊達」一―二四〇）。これが実元による宗時らの庇護を指しているのであれば、輝宗にとって実元の存在は「恐怖」だったことになり、宗時らの帰参を頑なに拒絶する「性山」の記述から受ける強気な姿勢とはだいぶ印象が異なる。実元と輝宗の関係を推し量るうえでも興味深い記述である。

加えて、晴宗は家臣たちからの訴えをうけて、元亀の叛後の処遇について輝宗への取り成しを約した証状を出している（「性山」）。その一人で、上洛中であったことから帰参後の奉公と所領安堵を訴えた小関土佐に対し、晴宗は実元にも証状に加判させるという異例の処遇を取っている。小関氏は新宿通・湯川通を拠点に伊達氏の交渉の使者を担った一族であり（阿部二〇一六）、そうした小関氏への手厚い処遇のあらわれでもあろう。そして何より、隠居してもなお独自に証状を出す晴宗や、それに加判するような実元の動きにどう向き合うのか、両者の存在は輝宗にとっての内なる課題だったように思われる。

二　輝宗の和戦

1　天正二年の外征と和平

先に見たように、輝宗は家督相続の翌年に蘆名盛氏との和平を実現するなど、晴宗とは異なる独自路線を次々と打ち出している。積極的な外征も進められ、永禄十一年（一五六八）には相馬盛胤と伊達郡小島にて合戦に及んでいる（「性山」）。のち天正年間には、相馬氏に奪われていた伊具郡南部の奪還が大きなテーマになっていく（菅野二〇一六）。

天正二年（一五七四）には、①正月から九月まで、出羽山形の最上義守（入道栄林）と義光の争いに、輝宗が義父義守に加担して介入する、②正月から八月には、佐竹・蘆名・田村・二階堂各氏の攻防が繰り広げられ、伊達氏が佐竹・蘆名・田村三氏の和平交渉を取り扱っている（ただし、和睦条件を提示したものの、戦闘はなお継続した）。さらに③四月から七月にかけて、伊達実元の八丁目城攻略後、田村清顕や蘆名盛隆を仲介に、伊達氏と畠山義継との和平交渉が進められるといったように、積極的な外征と和平交渉に乗り出していた姿を史料から克明に跡付けることができる。

こうした南奥羽諸氏が戦国期を通して離合集散を繰り返し、合従連衡へと向かっていた複雑な政治情勢を跡付ける史料の大半は、大名・郡主間で交わされた書状類によって把握できるものの、書状はそもそも年次を欠くという性格もあって、個々の史実の年代比定は容易ではない。それだけに、天正二年に関しては「伊達輝宗日記」（「伊達」一―二九二）が伝来していることはたいへん心強い。

2 「伊達輝宗日記」にみる外征と和平

「伊達輝宗日記」（以下「日記」）では、輝宗が直接関わった①出羽出兵について、最上義守（栄林）と義光父子の合戦に義守方の援軍として、段階的に出兵を繰り返しながら戦線を拡大し、無事（和平）・撤兵へと向かっていく過程が、簡潔な記述ながらも克明に記されているのが特筆される。「性山」でも「日記」の大略を採録したことを付記しており、概ね「日記」に沿うかたちで記述されている。ただし、八月から九月にかけての和睦交渉の経緯については「性山」のほうが詳細である。特に谷地城主白鳥長久が遠藤基信に書状を送り、最上領内で伊達氏に内通する一味中の望むように和平をまとめてほしいと求め、あわせて六月初旬より最上氏と好みを通じようとする相馬氏が使者を送っており、そこに中野宗時らが関わっているという情報を伝えてきたことは、「日記」には載せられていない。そうしたなか、「性山」の記述の根拠となるこの書状の存在が「遠藤家文書」の発見にともなって確認され（「遠藤家文書」四二）、「性山」の記述の信憑性が裏付けられたことの意味は、さらなる研究を進める上でも大きいものがある。

また、②佐竹・蘆名・田村・二階堂の諸氏の間で繰り広げられた攻防戦に際して、三月五日には蘆名氏からの求めで「無事」の取り扱いに乗り出し、和睦の条件を提示しているが（「日記」「性山」）、この和議は調わなかったようで、なお合戦は続いていた。そうした関係もあってか、輝宗のもとには各方面から使者・飛脚が往来して戦況を伝え、輝宗も自ら各地に使者を派遣して情報収集にあたらせていた様子が記されている。「日記」では蘆名氏および田村氏との使者の往来が圧倒的に多い。蘆名氏の場合は盛氏や盛興室（輝宗妹）が戦況を報じたり、輝宗に和平の斡旋を求めたりするなど、輝宗との連携の緊密さを窺うことができる。一方、田村氏の場合は頻繁に使者を送って戦況を報告してはいるものの、当主清顕はむしろ晴宗との関係を重視している節がある。一月二十六日に二階堂氏と戦端を開いた際、晴宗には晦日に戦況の詳細を伝え、所望した馬を送ってくれたことを謝する書状を送っている（「伊達」一―二五四)。二月二十八日には、佐竹氏の赤館撤兵および佐竹義重と田村清顕の対面というきわめて重要な情報が、清顕からまず晴宗に送られ、その書状が転送されることで輝宗のもとにもたらされている。

清顕と輝宗の微妙な関係は、③実元の八丁目城攻略と畠山氏との和睦の仲裁においてもみられるが、まずは八丁目城攻略の経緯を追っていくことにしたい。

3　八丁目城攻略をめぐって

八丁目城は伊達氏と二本松畠山氏の間で帰趨が争われた軍事的要衝である。元亀二年(一五七一)八月二十日、輝宗が一〇〇〇騎ほどを率いて出兵した折に八丁目衆は五〇〇騎おり、二本松畠山氏と塩松大内氏が苅田の与力として八丁目城に向かったという(「会津四家合考」『福島県史』7―一二八―一一)。

郡山・須賀川方面では佐竹・蘆名・田村・二階堂の諸氏による攻防戦が繰り広げられるなか、「日記」によれば四月三日、実元が八丁目城を「のっとり候」との報が輝宗にもたらされた。輝宗は四郎右衛門を大森城に派遣して情報収集にあたらせたが、十日には輝宗の出兵を求める大森城からの使者が到来した。十八日には大森からの使者が「ひやう物」(兵粮か)を求めてきた。

この実元の軍事行動をめぐっては、独立した軍事指揮権を有していたことのあらわれとする積極的評価もある(佐藤二〇一三)。迅速な軍事対応が求められる仙道地域の動静にあって、米沢から仙道地域へは険しい奥羽山系を越えなければならず、信達盆地の軍事的要衝である大森城主の実元が独自の判断や動きを求められることもあったはずである。ただ、輝宗に兵や兵粮の支援を求めている点や、次に見るように、畠山氏からの和睦交渉の相手はあくまでも輝宗である点からして、独立した軍事指揮権を評価することにはなお慎重でありたい。

さて、「日記」によれば、二本松畠山氏は早くも四月二十日に実元を通じて輝宗に和議を申し入れていた。その条件は伊達氏からの求めに応じて、いずれであっても五〇騎の援軍を出すというものであった。しかし、その直後の二十二日に陣触があり、輝宗が六月九日の米沢帰城まで最上義光方との合戦に専念していたためであろうか、畠山氏との和睦交渉には一切進展がみられなかった。六月十五日、田村からの書状で実元の泉への進軍の報が伝えられると、輝宗は清顕に対し、畠山氏との和睦の仲介の申し出を拒絶する旨を返信した（「伊達」一―二六八）。

その理由として挙げられているのは、清顕が再度、大内義綱を使者として調停をはかろうと伝聞したことへの不信感である。その理由は定かではないが、文脈からして既に一度、義綱を使者に立てての和睦交渉が決裂していたのであろう。そしておそらくは畠山氏に近い大内氏を交渉の使者に立てた清顕への不信感もあったのであろう。たとえ清顕本人が交渉の場に出てきても何ら変わらず、このような和睦交渉を強いるならば伊達家を捨てるつもりであるか、世間にも家中にも嘆かわしいという強い調子で、輝宗は清顕の申し出を拒絶した。清顕に返信したことすら「日記」に触れられていないあたりに、輝宗の憤りを窺うことができる。それと同時に、紛争当事者は常に中人による調停を受け入れるとは限らず、当事者同士の「信用」や和睦条件を探る交渉術など、さまざまな要件が求められたことが確認できよう（阿部二〇一五）。

輝宗への交渉は「不通」であると認識した清顕は、杉妻城の晴宗を交渉相手に、和睦については清顕の意に任せてほしいとする書状を送った（「伊達」一―二五五）。「性山」によれば、これにより和睦が成立し、畠山氏は当初の和睦条件通り、五〇騎の軍役を出すことを約して伊達氏の麾下に属したという。

なお、「日記」によれば、年末の十二月十六日に大森からの使者が到来し、「堀能はらい候」との情報が二本松からもたらされたことを伝えている。「堀能」とは八丁目城主であった堀越能登であろう。おそらくは八丁目城を攻め落とされたのちに二本松城に庇護されており、その堀越を追放したことで、畠山氏は伊達氏に恭順の姿勢を示したものと思われる。

4　輝宗と晴宗・実元

以上、天正二年(一五七四)を例に南奥羽の動向を概観してみたが、この頃から伊達・蘆名・佐竹・田村・二階堂・畠山さらに最上などの諸氏が活発な「外交」交渉を展開していく姿があらためて浮き彫りになってくる。それと同時に、輝宗は対最上攻めに力を注ぐ一方、実元が八丁目城を攻略し、結果的には晴宗が畠山氏との和睦を進めるなど、表面的には伊達氏家中においてもある種の分掌関係が見られるようになってくる。信達地方から米沢に本拠を移したことにともなう自然な流れであろう。

ここから、米沢＝輝宗、信達地方＝晴宗・実元という地域的分掌関係、さらには権力の二重構造を読み解くことも可能である。元亀の叛での中野宗時・牧野久仲父子の処遇をめぐる対応の温度差や、「実元御恐怖の事」と伝えられる関係などを鑑みれば、分権的側面を強調したくなる。そのような微妙な関係を内包しつつも、やはり晴宗・実元の自立性を強調する見方にはなお慎重でありたい。そして天正五年十二月の晴宗の死去をもって、実元が晴宗という後ろ盾を失ったことにより、内なる対立は解消されたとみてよいであろう。

三　激変する南奥羽情勢と輝宗

1　天正期前半の伊達氏と南奥羽をめぐる動静

天正二年（一五七四）、蘆名氏では当主盛興が没し、世継ぎがなかったことから、父盛氏は二階堂氏から盛隆を養子に迎え、盛興室（輝宗妹）と結婚させた。盛隆は天正三年三月四日付で実元に書状を送っている（「性山」）。それによれば、二階堂氏出身の盛隆が蘆名家督を継いだことで、もともと蘆名氏と二階堂氏は田村氏と不和であったことから、前年に田村氏の仲介で伊達氏と講和した畠山義継も田村氏と不和になり、ひそかに八丁目城奪還を企図するようになった。それを察した実元が田村支援を口実に畠山氏と戦って勝負を決めようとしたことから、義継は盛隆を頼って和議を乞い、盛隆が仲裁に乗り出したという。この盛隆の侘言が調い、伊達氏と畠山氏の関係は無事となり、田村氏も畠山氏と和睦したという。

「性山」によれば、輝宗は天正四年から相馬氏攻めに着手し、田村清顕は相馬盛胤の婿で輝宗の外従兄弟にあたることから、蘆名氏や関東の北条氏とも連携して両者の和睦の仲介に乗り出したが、輝宗が拒絶して越年することになったという。天正五年二月には蘆名盛氏が田村氏に書状を送り、和議については任せているものの、油断なきことを申し伝えている。

なお、「性山」では天正五年四月に蘆名盛隆が加勢として須江光頼と鉄砲足軽を派遣したとされるが、これは年次比定に誤りがあり、正しくは天正九年に修正されるべきである（『原町市史』通史編）。

十一月には米沢城にて政宗が元服する一方で晴宗の病も伝えられ、十二月十五日に晴宗は五十九歳で杉妻城にて没した。天正七年には政宗と田村清顕女の祝儀が行われた。天正八年には五月に最上義守、六月に蘆名盛氏が没し、天正九年には政宗が相馬攻めで初陣をはたすなど、南奥羽諸氏の間では世代交代が強く印象づけられることになった（以上、「性山」）。

2　天正九年の「惣無事」

一方、白川領南郷への侵攻を進めていた佐竹氏は、天正六年（一五七八）に結城晴朝の媒介で白川氏と講和し、義重次男（のちの義広）を白川名跡とする（『白河市史』5-九三六・九三七）ことで、戦国期南奥の政治情勢における一方の主役に躍り出ることとなった。

そうした趨勢もあってか、天正九年頃の東国では「義重奥口残らず本意に属さる」（「上杉家文書」『新潟県史』資料編3-七三八）、「佐竹奥州一統の由、その聞え候」（「真田家文書」『群馬県史』資料編7―三〇六五）といったように、「佐竹による奥州統一」の情報が流布していた。佐竹義重も上杉景勝に対し、去春の出来事として、田村氏との遺恨が深まったことから蘆名盛隆と連携して合戦に及び、和睦が調ったことで「奥州皆以って一統せしめ候」と報じている（「伊佐早文書」『福島県史』7-一二五-一二〇）。

ところで、菅野郁雄氏はこの上杉景勝宛 佐竹義重書状を天正十一年に年代比定し、去春の「奥州一統」とは先の天正九年の「義重奥口残らず本意に属さる」「佐竹奥州一統の由、その聞え候」のことであり、それは「性山」に天正十年の記事として掲載される佐竹・蘆名による田村攻めと伊達輝宗らの仲裁による「惣無事」を指すものとして、「性山」の天正十年という年代比定は誤りとした（菅野二〇一〇）。「去年」が一年前、「去春」が二年前の史実を指すという史料解釈には疑問が残るものの、佐竹氏による「奥州一統」と、佐竹・蘆名・田村・伊達等による「惣無事」を関連づけた指摘は重要である。

「惣無事」といえば、藤木久志氏が解明した豊臣政権の「惣無事令」がつとに知られるが（藤木一九八五）、戦国期南奥では天正五年、上杉謙信が佐竹と蘆名の和睦を図りつつ、白川や田村を含めて和睦させることを「一統に惣無事」と呼んでいるのが早い事例である（「山川文書」『新潟県史』資料編5―三七七一）。

「性山」では「天正十年」に比定される（菅野郁雄氏は「天正九年」に比定する）南奥諸氏の動静の概略を説明すると、もともと田村氏と二階堂氏が不和によりたびたび戦火を交えていたが、二階堂盛義が没したのを機に田村氏が侵攻してきたため、蘆名盛隆は佐竹氏と連携し、実家である二階堂氏に荷担したことで戦況が拡大した。輝宗は各方面に使者を派遣して和睦の仲裁にあたったが、交渉は難航した。その後、和睦交渉は佐竹氏と田村氏の間で先行し、田村方の伊達氏と佐竹方の結城氏の使者による相談、伊達方からの田村氏への働きかけが両者の和睦に結実した。もう一つの、蘆名・二階堂氏と田村氏の和睦交渉も、伊達家臣が双方の陣営に張り付き、使者や飛脚を通じて輝宗の意思が伝えられ、蘆名盛隆も不本意ながら和睦を受け入れて兵を引き上げたというものである。

佐竹氏に加勢して在陣し和平交渉に関わった白川氏、また対蘆名・二階堂氏と対佐竹氏の二つの紛争を一気に解消した田村氏は、ともに一連の和睦を「惣無事」と呼んでいる。それまでも複数の家が中人に立って仲裁にあたる例は散見されたが、蘆名・二階堂氏と田村氏、佐竹氏と田村氏という複数の対立の図式が絡み合う中で、第三者たる伊達氏と結城氏、白川氏が仲裁役として取り成して一度に和睦を成立させ、結果として南奥の関係諸氏がほぼ一堂に介し、一統に「無事」となったこと、これこそが「惣無事」たる所以であろう。

「天正九年」の年次比定の修正が提唱されている「惣無事」を機に、南奥諸氏の参画のもとで戦争の拡大が回避され、一時的ではあっても和平が生み出されることになった。これにより、紛争当事者と近隣もしくは縁故にある第三者が個々に仲裁を取り成す中人制から、主だった南奥諸氏の参画により複数の対立の解決が同時になされることにより「惣和」が実現するという新たな段階に進んだものと理解される。これを「南奥惣無事体制」と呼んで、南奥地域における紛争解決・平和秩序のあり方の一つの到達点を示すものと理解したい（阿部二〇一五）。

おわりに

天正十二年（一五八四）、田村・白川・佐竹・磐城などの諸氏が一同に取り扱うことで、伊達氏と相馬氏の和睦が調った。「南奥惣無事体制」の一つの成果といえよう。十月に輝宗は隠居して家督を政宗に譲るが、蘆名家では盛隆が家臣に殺害された。そして輝宗は天正十三年に政宗と畠山義継との争いに巻き込まれて最期を遂げた（以上、「性山」）。

輝宗の弔い合戦でもあった二本松城攻めや人取橋の合戦は、伊達氏と佐竹氏・蘆名氏の二大陣営による対立をより鮮明なものとした。輝宗のもとで長らく協調関係にあった蘆名氏は佐竹氏との関係を強化しており、天正十五年には、夭折した亀王丸の後継に白川氏の家督を継いでいた佐竹義重の次男義広を迎えるなど、両陣営の対立は最終局面へと進んでいくことになった。

以上、最後は急ぎ足で輝宗を中心とする戦国南奥羽史を概観したが、重臣中野宗時ら旧来の大身家臣を排し、遠藤基信ら新しい人材を側近に登用して強いリーダーシップに基づく支配体制を現出し、中人制から「南奥惣無事体制」へと展開する積極的な外交活動を推進していった輝宗の存在と役割は、単に政宗登場の舞台を御膳立てしたというのではなく、その独自性と意義を高く評価されて然るべきであろう。

参考文献

阿部浩一　二〇一五「戦国期南奥の政治秩序」『東北史を開く』山川出版社

――――　二〇一六「街道・町と商人」高橋充編『東北近世の胎動』東北の中世史5　吉川弘文館

菅野郁雄　二〇一〇「『十月五日付山内殿宛佐竹義重書状』考」『福島史学研究』七〇

菅野正道　二〇一六「伊達氏、戦国大名へ」遠藤ゆり子編『伊達氏、戦国大名へ』東北の中世史4　吉川弘文館

小林清治　一九六七「伊達氏と元亀の叛」『伊達史料集(上)』月報2　人物往来社

――――　二〇〇三『戦国期の南奥州』歴史春秋社

佐々木倫朗　二〇一一『戦国期権力佐竹氏の研究』思文閣出版

佐藤貴浩　二〇一三「伊達領国の展開と伊達実元・成実父子」『戦国史研究』六五

高橋　充　二〇一三「奥羽と関東のはざまにて　戦国期南奥の地域権力」熊谷公男・柳原敏昭編『境界と自他の認識』講座東北の歴史　第3巻　清文堂出版

藤木久志　一九八五『豊臣平和令と戦国社会』東京大学出版会

山田将之　二〇〇九「中人制における「戦国ノ作法」」『戦国史研究』五七

遺跡からみえる室町・戦国時代の伊達氏

今野賀章

一　遺跡にみえる戦国大名伊達氏への胎動

室町時代以降、伊達氏は急速に室町幕府とのパイプを深めていったが、その様子が遺跡からも見えてくる。現在の伊達市霊山町字大石に所在する宮脇廃寺跡は、十五世紀前半を中心に機能した室町時代の寺院跡である。この宮脇廃寺跡から出土した瓦の文様が、伊達氏と将軍足利氏との関係の深さを示していると考えられている。

宮脇廃寺跡から出土した軒平瓦には、菊の花を模した文様の瓦が多数出土している（写真1）。この瓦の正式な名称は、「半裁菊花唐草文軒平瓦」といい、仏堂の軒先などを飾るための瓦となる。この瓦をよく見ると、名前のとおり菊の花を半分にした模様と左右に唐草の模様が描かれている。また、両端に四分の一の菊の花が描かれているのも特徴の一つとなる。この菊の花があしらわれた瓦は、室町時代、京都の相国寺・鹿苑寺（金閣）などの発掘調査で発見され、これらの寺院は、将軍足利氏との深いかかわりのなかで発展した寺

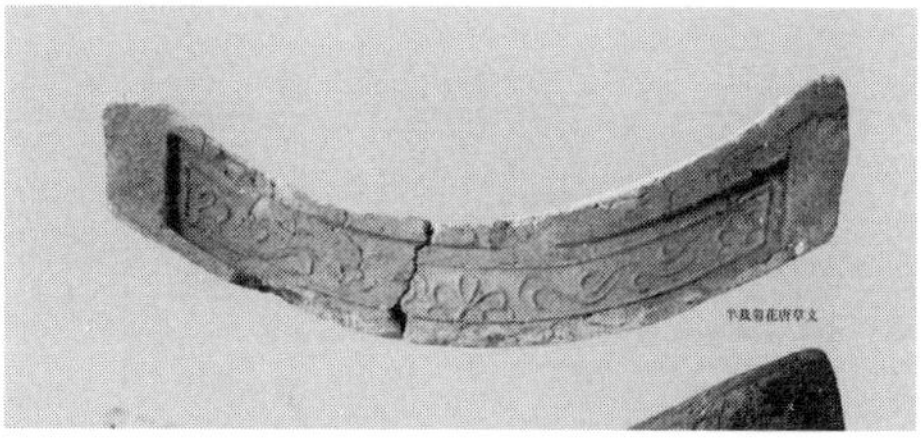

写真1　宮脇廃寺跡出土「半裁菊花唐草文軒平瓦」

院となる。鎌倉公方が台頭し、室町幕府との確執が深まるなかで伊達氏が室町幕府との結びつきを深めていった様子を物語っていると考えられている。

また、茶臼山西遺跡（福島県伊達市梁川町）からもこの「半裁菊花唐草文軒平瓦」の出土が確認されている。茶臼山西遺跡は、中世伊達氏と深く関連する寺院のなかで高い格式をもつ東昌寺跡と考えられている遺跡である。鎌倉時代に創建されたと伝えられる東昌寺であるが、「半裁菊花唐草文軒平瓦」の出土は、室町時代に東昌寺の大規模な改修が行われた可能性を示唆している。伊達氏が室町幕府との関係を深めていくなかで主要な寺院の創建・改修などが行われた様子を、これらの遺跡は物語る。

十五世紀後半になると、伊達氏館となる梁川城跡や周辺の寺社の整備が進められた様子が遺跡からも明らかになりつつある。梁川城跡の出土遺物の傾向を見ると、十五世紀後半から十六世紀前半に出土量のピークが見られる。また、創建後、伊達氏にとって主要な寺院となる輪王寺も、十五世紀中頃に創建されたと考えられる。伊達氏の館や周辺の寺社の整備が進んでいった様子が見られ、伊達氏の発展とともに整備・拡充が加えられていく中世都市梁川の様子が見えてくる。

このように南北朝時代以降、南奥州において存在感を増してくる伊達氏の様子が遺跡からも理解でき、この伊達氏の動きこそが「戦国大名伊達氏」へとつながるものと考えられる。

二　室町・戦国時代の大名館を考える

室町・戦国時代の大名館は、全国で実施されている発掘調査により、内部構造等を含め少なからず解明が進んでききている。また、こういった各地の大名館には、一定の共通性がみられることから、この共通項の要因について室町幕府の規範意識との関連性を踏まえた検討が進められている。

では、各大名館に見られる共通項は、遺跡においてどのような姿で見ることができるのであろうか。小野正敏氏の研究を中心に見ていきたい。小野氏は、「発掘された考古情報としての館・屋敷は、諸施設と空間、モノの統合体として把握される」としている。具体的に空間・施設は、建物・堀・土塁・柵・溝・通路・広場・庭園といった遺構で構成され、これらは有機的なつながりのなかで機能していたとする。また、遺跡から出土する「モノ」を総合的に検討することの必要性を指摘している。

このような検討のなかで、小野氏は、大名館の内部を大きく分けると、儀礼・行事などの接客のための「ハレの空間」と日常生活やハレの行事を裏で支える機能を持つ「ケの空間」に分かれることを指摘している。また、「ハレの空間」については、表と奥に分かれ、表の空間は、公的行事などが行われ身分秩序を明らかにする場であり、その身分秩序が視覚化される空間、また奥の空間は、「公的な対面行事とは異なる、私的な対面の場」とし、そこは、室内芸能・茶・花・香・連歌等の会が行われるサロン的な空間であり、身分秩序を否定する空間となっていたことを指摘している。

小野氏の研究にあるように、各大名館のなかにみられる建物構造や空間利用の方法には、一定の共通項が認められる可能性が考えられる。では、なぜこのような共通項がみられるのであろうか。その共通項について小野氏は、「将軍邸の空間・建物やそれを舞台にした儀礼、室礼などが各地の大名にとって導入すべきモデルとなりえた」社会的背景があることを指摘している。また、身分秩序を明確化するための各種儀礼の導入は、主従関係という武家の基本原理のうえでは重要な意味をもつものであり、その空間を設えていくことの必要性が戦国大名にはあったとしている。

この社会背景がもととなり、各大名は、自身の館空間の権威づけを進め、その手段の一つとして空間構成の共通性が見られるようになったと考えられるであろう。その一方で、多様性も認められることを小野氏は指摘している。ここには、「将軍邸の厳格なコピー」を必要としない戦国大名の多様な側面も見えてくる。

三　見えない壁、越えられない壁

室町時代、武家社会の身分秩序は、家格により厳格に維持されていたと考えられている。黒嶋敏氏は、「武家の家格は大きく大名と国人に分けられ、両者の待遇は相当に大きな開きがあった」と指摘する。

伊達氏十四代当主である伊達稙宗は、大永二年（一五二二）に陸奥国守護職に補任された。守護不設置の奥羽において前例のない任官であった。この補任の意義について黒嶋氏は「伊達氏の場合、奥州の中では最大規模の郡守護ではあっても、守護不設置の奥州にあっては探題に任じられない限り「国人」として扱われる」とし、「大名と国人の違いは守護職にあるかどうかであるが、守護不設置の奥羽において、伊達氏の「大名」化は探題職補任以外に不可能」であったと指摘している。

黒嶋氏が、「奥州の中では最大規模の郡守護」と評価する伊達氏にあっても、奥州探題体制のもとでは、一国人にすぎないといった社会的背景が見えてくる。国人身分からの脱却を図るうえで伊達氏が各種の手法を凝らしたことは想像に難くないし、黒嶋氏の指摘する伊達氏の任官への働きかけもその一つであろう。室町時代以降、伊達氏が南奥州において存在感を増していく様子は先に述べたとおりである。その背景には、室町幕府とのパイプ強化策があったことも先に記した。しかし、具体的に伊達氏が如何にその立場を明確なものとしようとも、家格の壁の前には、一国人であった。この状況の中、奥州の他の国人に対しての外交の安定化と伊達領国内の経営安定化のためには、権威という見えない壁を構築し、大名たる権威を作り上げていく必要があったものと考えられる。次に伊達氏がどのように権威という見えない壁を構築していったかを発掘調査の様子から見ていきたい。

四　見えない壁を築く—伊達氏の場合—

中世伊達氏の館の一つとなる遺跡が梁川城跡である。梁川城跡は、福島盆地北東端の河岸段丘上に築かれている。梁川城の南端には広瀬川、北側には塩野川が流れている。遺跡の西部は河岸段丘崖となり、梁川城跡との比高差は七m程度となる。また、その機能時期は、十三世紀後葉～十六世紀中頃を中心としている。その後、伊達氏は、館を桑折西山城、米沢へと移転していくが、今回は、梁川城跡を例に伊達氏の動向を見ていきたい。

写真2　梁川城跡復元模型（福島県立博物館蔵）

昭和五十年代に実施された発掘調査によれば、伊達氏館内部には、多数の建物が存在し、ハレの空間を構成する主殿と見られる建物等も確認されている。またハレの奥の空間を構成する会所や庭園も確認されている（写真2）。伊達氏館内部には、小野氏の指摘する「ハレの空間」が存在し、表と奥の空間意識が反映されていた様相が見て取れる。発掘調査では、室町期伊達氏の館は、約一二〇m四方の方形を基調とした館跡であることが明らかとなってきており、周囲は、土塁と堀により区画されていた可能性が高いことも明らかとなりつつある。これらの空間構成から、いわゆる室町幕府の規範意識の影響を受けながら設えられた守護館となる可能性が高いと考えられるに至っている。

このように中世伊達氏についても大名たる権威を表す場(空間)を設け、権威を示す空間を作り上げていった様子が遺跡に現れており、小野氏が指摘する空間構成が伊達氏館にも反映されていたものと捉えられる。しかし、館内部に見られる建物は、すべて掘立柱建物であることが伊達氏館の一つの特徴としてあげられる。戦国時代、小田原北条氏の館、豊後府内大友氏館、周防大内氏館といった守護・戦国大名の館内部には礎石建物が導入されてくるが、伊達氏は、梁川城跡において一貫して掘立柱建物を使用している。また、守護・戦国大名が儀礼の際に積極的に「てづくねかわらけ」(ロクロを使用せず手びねりにより製作する土器)を採用していくが、伊達氏は、一貫してロクロで製作された「かわらけ」を儀礼の器として使用している。

このことは、伊達氏が単純な幕府志向でなかったことを示す事象と考えている。南奥州においては、大崎氏が奥州探題に任命されて以降、探題を中心とした政治構造が中心となっている。この奥州探題体制のもと、伊達氏も自身の権威を高めていったものと想定され、この制度のなかで、権威を高めていくためには、礎石建物や「てづくねかわらけ」を導入する積極的な必要性が無かった可能性が考えられる。

このような状況下において、室町幕府の規範意識をすべて導入する必要はなく、旧来の南奥州の規範意識が反映されていた可能性が考えられる。このことは、奥州探題体制も踏まえた南奥州の権威構造が現れている可能性が考えられ、この構造のなか、自身の実権を高めていく伊達氏の姿が遺跡に現れていると捉えておきたい。

五　伊達氏のもう一つの特徴―中世都市梁川のプラン―

先に伊達氏館の様相を概観した。館構造には、室町幕府の規範意識が現れながらも、南奥州の秩序意識が反映されていた可能性を指摘した。次に、伊達氏館を中心とした梁川の都市景観について、考古学的成果を踏まえながら見ていくこととする。

中世伊達氏段階の都市プラン想定図を次頁に示した。これは、過去の調査成果も踏まえ明治二十年代の丈量図を基に復元したものである。この図をもとに中世伊達氏段階の都市景観を見ると、伊達氏館を中心とした都市景観は標高五〇m程度の河岸段丘上に展開していたことがわかる。北端に梁川八幡宮（堂庭遺跡）、南端には、伊達氏館（梁川城跡）と主要寺院となる東昌寺（茶臼山西遺跡）などが配置されている。これらの主要遺跡を結ぶ南北道が中世伊達氏の都市計画の主要街路となるものと考えられる。また、塩野川と広瀬川間の台地上に展開する輪王寺跡や区画A～Cなど、伊達氏館の周辺には主要寺院あるいは屋敷群が設置されていた様子が認められる。

次に伊達氏館周辺に広がる各区画の様相を遺跡ごとに見ていく。

【輪王寺跡】輪王寺は、伊達氏館の北東にある輪王寺跡が比定地と考えられている。輪王寺は、『伊達正統世次考』によれば、伊達家十一代当主である伊達持宗が祖母蘭庭禅尼（九代政宗夫人）の願いにより嘉吉元年（一四四一）に建立したとされる。蘭庭禅尼の出自について天和三年（一六八三）に伊達綱村に提出された『輪王系譜』の「輪王開基蘭庭禅尼伝」によれば、「禅尼者伊達氏九世大膳大夫藤原政宗朝臣夫人」とし「父石清水善法寺通清法印、而有《リ》二令姉一、為二将軍宝篋院義詮源公之妾一而産二鹿苑院義満公一」と記されている。このことから蘭庭禅尼の姉が将軍足利義満の母

中世梁川の都市景観図

であることが理解される。

輪王寺跡は過去の調査から、十五世紀後半~十六世紀に機能した寺院跡とされ、その規模は、東西一五〇m、南北一〇〇m程度の方形の区画を有すると考えられている。この区画の中には、寺院の伽藍が形成されていたものと考えられ、建物の規模等は明確ではないものの、礎石建物跡が確認されている。また、庭園の存在が指摘されていることも特徴の一つである。この他、区画施設には、築地塀が使用されていたことも確認されている。また調査の成果によれば十五世紀末~十六世紀初頭頃に火災に遭っていたことが出土遺物の検討から明らかとなっている。

【梁川城跡南町頭地区】南町頭地区は、地籍図の検討から一〇〇m×一〇〇m程度の区画が連続して認められる。発掘調査によれば、その構造を見ると三つの区画(区画A・B・C)が確認され、最も広い区画Cが主要な区画となる可能性が指摘されている。また、区画A・Bは、東西七〇m、南北一〇〇m程度の区画となり、主に区画Bの内部では、東西六間、南北三間の比較的大型の掘立柱建物跡が確認され、区画内の北部には、蔵などの施設が置かれた可能性がある。また、これらの区画は、出土遺物の様相から十五世紀中葉~十六世紀に機能していたと考えられる。遺跡の性格は、寺院及び塔頭群、屋敷跡等が考えられている。

【茶臼山西遺跡(伝東昌寺跡)】『伊達正統世次考』によると東昌寺は、伊達氏四代当主伊達政依により弘安九年(一二八六)に建立されたとされる。また、京都相国寺の僧瑞渓周鳳(一三九二~一四七三)により記された晩年の日記である『臥雲日件録』には、「郡中寺庵三百余有レ之、就レ中東生寺以下凡五ヶ寺、皆為二韶陽(長遠)門徒一、伊達為二之旦那一、東生乃衆二百人、其余或百人、乃至五六十人也、住二東生一者、披二黄衣一云々」と記され東昌寺の繁栄の様子を伝えている。また、花押から貞和四年(一三四八)とされる吉良貞家書状(鎌倉市中央図書館蔵)に「奥州伊達郡東昌寺今者安国寺」とあり、安国寺であった東昌寺の格式の高さをうかがい知ることができる。この東昌寺比定地と考えられている茶臼山西遺跡からは、昭和四十年代に半裁菊花唐草文軒平瓦の端部片が確認されており、十五世紀段階において東昌寺の再建ないし再整備が行われていたものと考えられる。丈量図による復元では、この東昌寺の区画が最大の規模となり概ね二町四方の規模となる（写真3）。

このような、伊達氏館及び寺社群などからなる中世梁川の都市景観の祖型は、いつごろ成立したのであろうか。各遺跡の考古学の成果を見ると、この都市景観は、十三世紀後葉以降には構築されていた可能性が考えられている。その後、中世都市梁川は、室町時代を中心に東昌寺の改修、輪王寺の創建等を経て整備拡充されていった様子が認められる。このことは、十五世紀以降、南奥州において自身の立場を明確化していく伊達氏の姿を現しているものと考えられる。このことを証明するように十六世紀前半段階には、館内部に、現在の調査成果では東北地方において確認事例のない庭園が設けられている。このことは、陸奥国守護に補任される伊達氏が自身の権威を明確化していこうとする姿の表れとも考えられる。

写真3　復元整備された伊達氏館の庭園跡

おわりに

中世伊達氏が造ろうとした館の構造やその周辺の景観とは如何なるものであったか。梁川八幡宮と伊達氏館・東昌寺をつなぐ南北道を基本線とした都市景観は、出土遺物の状況から見ても少なくとも十三世紀後半には成立している。また、室町時代以降には、伊達氏館の面積は拡張された可能性も発掘調査の成果から考えられ、伊達氏が館空間を拡張する必要性があった様子が読み取れる。館内部の出土遺物についても室町時代後半（十五世紀中頃）以降、増加する傾向がある。特にかわらけの出土量の増加は注目され、伊達氏の活発化する動きが出土遺物の様子からも読み取れる。

また、十五世紀前半から中頃には、東昌寺の改修の様子が垣間見え、十五世紀後半には、輪王寺の創建もなされていくように、都市の整備・拡充が進んだ様子が読み取れる。このことから、中世都市梁川は、鎌倉時代にベースが造られた都市景観が、伊達氏の動向とともに推移し、整備・拡充が繰り返されたものと考えられる。

伊達氏館跡については、当初、出土遺物の傾向や庭園、関連建物の存在から、伊達氏の京都志向の高さが指摘されてきた。しかし、室町時代以降に都市構造（特に道割り等）に大きな変更を加えない点や「てづくねかわらけ」が導入されない点などは、先に述べたように伊達氏に特有の状況と捉えられる。

この背景には、奥州探題体制のもと、その実質的権力を増していく伊達氏の状況と一国人からの脱却を目指し権威を獲得しようとした伊達氏の姿が垣間見える。室町時代以降、幕府との連携を深め、戦国大名へと進んでいった伊達氏の動向を遺跡が示しているものと考えられる。

参考文献

浅野二郎　一九九三「梁川城本丸庭園・心字の池」『梁川町史４』梁川町教育委員会
飯村　均　二〇〇六「中世・梁川のイメージ」『陶磁器の社会史』桂書房

小野正敏　二〇一七「館・屋敷をどう読むか―戦国大名館を素材に―」『遺跡に読む中世史』高志書院
――――　二〇一八「戦国大名と京都―小田原北条氏の権威の演出―」『シンポジウム小田原北条氏の絆』小田原市
黒嶋　敏　二〇一二「探題論―室町幕府の遠国支配―」『中世の権力と列島』高志書院
小林清治　一九八六「梁川城の歴史」『遺跡　梁川城本丸・庭園』梁川町教育委員会
鈴木　啓　一九八六「遺構」『遺跡　梁川城本丸・庭園』梁川町教育委員会

戦国期南奥羽の中人制

山田将之

はじめに

戦国時代の末期、伊達家十七代目当主として登場した伊達政宗。彼は弱冠十八歳で家督を継承し、わずか五年余りで南奥羽（現在のおよそ福島県域および山形県・宮城県の南部。以下「南奥」と表記）地域一帯の統一を成し遂げた。数々の危機を乗り越えて成功を収めた若い当主の活躍は、独眼竜の愛称とともにいまなお多くの戦国武将ファンを惹きつけてやまない。

ところで彼は二十歳そこそこの若さで、どうしてそれまで誰も成しえなかった南奥統一という偉業を達成できたのであろうか。その要因については、これまで研究者を中心に数多くの議論が重ねられてきた。彼の当主としての資質や、外交戦術の妙、成熟した家臣団構造など、様々な要因が挙げられている。こうした政宗の個人的な資質や伊達家が有していた力といった、いわゆる伊達家側に起因する直接的な理由を追究していくことは、基本的かつ重要なことである。しかしながら、政宗が優秀だった、伊達家が強かった、そうした理由だけで政宗躍進の要因のすべてを説明することはできない。それ以外の間接的要因、たとえば周辺領主の動向やそれとの関係性、天正末期という時期的な問題、南奥という地域性の問題など、政宗を取り巻く周辺の状況を考慮することも必要である。

近年、若手研究者により戦国期南奥研究が盛んに行われ、次々と新しい論点が提示されている。そうしたなかで、南奥では中人《ちゅうにん》制と呼ばれる紛争解決方法に基づく独特の政治秩序が形成されていたことが新たにわかってきた（山田二〇〇九）。政宗が家督を継いだ時期もまさにその中人制が展開している真っ只中にあった。こうした新たな研究動向をふまえることで、政宗躍進の新たな要因がみえてくるのではないだろうか。

そこで本稿では、今後の政宗の南奥統一を考えるうえで重要となる、彼が直面していた当時の南奥世界の中人制についてて紹介していきたい。

一　南奥羽地域の戦国時代の姿

中人制の説明に入る前に、まずは中人制という視角の重要性について、説明をしておきたい。

かつて戦国時代の南奥地域は政治史の視点から後進地域として認識されてきた。何が後れていたのかというと、地域の統一状況である。群雄割拠といわれた戦国時代は、全国において断続的に戦闘が発生する状況が展開していた。当時の人々のなかでもそうした世相は強く意識され、有名な甲斐の戦国大名武田信玄が作ったいわゆる戦国家法の「甲州法度之次第」（東京史料編纂所蔵）の第二十条には次のように書かれている。「乱舞・遊宴・野牧（狩猟）・河狩（漁猟）などに耽って、武道を忘れてはいけない、天下が戦国であるからには、全ての事を捨てて武具を用意しておくことが肝心である」という内容である。当時の人々は、「戦国」という時代状況を受けて、普段の生活をしながらも常に戦いというものが身近にあった。

このような時代のなかで登場したのが、毛利元就・上杉謙信・北条氏康といった人物に代表される戦国大名である。彼らはそれぞれ強固な支配体制を作り出し、周辺の領主を打ち倒しながら、次々と領地を拡大していった。戦国大名による地域の統一が進んだ先には、豊臣秀吉の全国統一が待っていた。

このような時代の流れのなかで、あらためて戦国時代の南奥地域の様子を眺めてみる。地域統一が進んだのは、政宗が登場した天正十四年（一五八六）頃からである。蘆名や二階堂を倒した政宗は、天正十七年におよそ山形県の南部と宮城県の南部、そして福島県の浜通りを除いた地域という広大な範囲を支配下に収めた。秀吉による全国統一のまさに直前の出来事であった。しかし、すでに東北と関東を除く地域を支配下に収めていた秀吉と比較すれば、南奥地域の統一の進行具合は天と地ほどの開きがある。さらに時代を遡って織田信長と比較した場合でも、本能寺の変が起きた天正十年段階で、その版図は甲信越から近畿・山陽・山陰地方の約半分とすでに広範囲に及んでいた。こうした地域統一の進捗状況を単純に比較した結果、南奥地域の統一は後れており、後進地域という評価となったのである。ちなみに後進地という捉え方の背景には、東北が古来陸奥（みちのおく）と呼ばれ、蝦夷が存在し、野蛮な地域や辺境の地域とされてきたイメージが少なからず影響しているものと思われる。

さて、この統一が遅々として進まない原因は、東北には強い戦国大名が存在しなかったためと考えられた。強い勢力がいないため統一ができなかったというわけである。こうした東北の評価を一八〇度転換させるきっかけを作ったのが、生涯にわたり伊達氏の研究を精力的に進めた小林清治氏（一九二四〜二〇〇七）である。小林氏によって戦国大名伊達氏に関する研究成果が次々と公表された結果、伊達氏の権力が他地域の戦国大名と比較しても遜色ない存在であったことが明らかにされた。そしてこの伊達氏研究を基準として、南奥の中世史が再整理され、特に複雑とされてきた室町から戦国期にかけての南奥の政治状況が、格段に理解しやすくなった。小林氏の一連の研究成果は、東北中世史研究の飛躍的な進展をもたらしたのである（小林・大石一九七八、小林二〇〇八ほか）。

しかし新たな課題も生まれた。極端に伊達氏の研究が進んだ結果、南奥で成熟した大名である伊達氏が他を滅ぼし地域統一を成し遂げていく、あたかも伊達氏のサクセスストーリーのような歴史認識が定着することになってしまった。こうした歴史観について筆者は、「伊達中心史観」と呼んでいる。この原因は、『伊達家文書』（以下『伊達』）を中心に豊富な史料群が存在し、突出して伊達氏に関する研究環境が整っていたことにも起因するため、やむをえない部分も多分にある。いずれにせよ、伊達氏という一大名の視点からの歴史解釈を行うことで、伊達氏以外の南奥大名や国衆からの視点が抜け落ちてしまい、本当の意味での中世南奥世界の姿はまだ十分に捉えきれていない状況にあった。こうした研究の偏重による課題は、すでに一九八〇年代から粟野俊之氏らが指摘するところであった（粟野二〇〇一）。

しばらくはそうした課題解決に大きな進展は見られなかった。しかし、小林氏を中心とした自治体史編纂などの取り組みにより研究環境が整えられ、ここ二十年で南奥中世史の研究に取り組む人が増え、ようやく伊達氏以外の大名や国衆の研究が充実してきた。その結果、天文年間は岩城氏の勢力に頼る伊達氏の様子などが明らかになり、南奥地域が常に伊達氏中心でまわっていたわけではないことがわかってきた。つまり南奥地域の中世史は、伊達氏を中心に理解するべきものではなく、伊達氏も南奥領主の一員として周辺領主の動向とともに理解していかなければならないということである。

そうした考え方で南奥を見直した時、注目されたのが戦国期に南奥で行われていた中人制という紛争解決方法である。この南奥の中人制は、伊達氏のみならず南奥の領主が広く参加し行われていた活動であった。そのため地域の実態を把握しようとするならば、必然的に伊達氏以外の領主の視角も重要になってくる。したがって、中人制に注目することによって、伊達氏というフィルターを通して描かれた歴史ではない、戦国期南奥の本当の姿を明らかにすることが可能になるということである。

二　中人制という紛争解決方法

そもそも中人制とは一体どういうものなのであろうか。かつて中人制を研究した勝俣鎮夫氏の定義では、「紛争当事者双方が中人（仲人）と呼ばれる第三者にその解決を委ね、その調停によって和解すること」とされた（勝俣一九七九）。つまり中人制とは紛争解決の手段のひとつであった。現在でも喧嘩やもめ事はよく起こるものである。たとえば、近所同士のトラブルにより喧嘩が発生した場合、関係がこじれて簡単に解決ができなければ最終的に互いの感情を爆発させ、時には暴力行為や裁判沙汰に及び、喧嘩は拡大の一途をたどり収拾がつかなくなってしまう。そうなる前に行われるのが中人制で、大事になる前に別な隣人や町内会長など喧嘩の当事者双方に対して、公平な第三者が調停者として間に割って入り、両者を説得し揉め事を内々に収めてしまうのである。こうした中人制は、現在でもよくみられる一般的な紛争解決の手段であり、中世においても同様に最も基本的な紛争の解決方法として、身分を問わずあらゆる階層で行われていた。

ただし、戦国時代に入ると紛争規模の拡大や利害関係の複雑化により、次第に中人による内済で収束させることが困難になっていったとされる。そして十六世紀には自分たちで内々に解決する中人制は機能しなくなり、もっぱら上位権力による裁判によって解決する方法に移行するようになったというのが、勝俣氏の理解である。

ところが、戦国期の南奥地域を眺めてみると、勝俣氏の理解とは異なる状況が起きていた。十六世紀後半に至ってもなお戦国大名や国衆といった領主間では、相互に中人となり紛争解決を行う事例がいくつも確認された。すなわち南奥地域では中人制が領主間の紛争解決の有効な手段として定着し、戦国時代を通して機能していた実態があったのである。

三　戦国期南奥地域の中人制の実態

実のところ南奥の中人制に関しては、不明な点も多い。なぜこの地域で中人制による解決が慣習的に行われるようになったのか、各領主が相互に中人に立つ理由はどこにあったのかなど、現象面以外の課題が多い。さしあたり今回は、様々な史料を通してみえる中人制の実態や特徴について紹介していきたい。

1　史料にみる中人制事例

戦国期南奥地域を中心に行われた中人制による紛争解決事例は、現在約六〇例が確認されている。これは中人制による紛争解決が行われている事例のなかで、紛争当時者もしくは中人として南奥領主が関わっているものについて、数えたものである。

中人制に関する史料上の表現は様々である。「和睦」「無事」「一和」などの和睦に関する表現とともに、中人による調停行為については「申理」「媒介」「意見」「裁許」「籌策」などの表現がみられる（『伊達』、『秋田藩家蔵文書』ほか）。ただし、調停を実際に進める使者を誰が務め、具体的にどういう調停活動を行っていたなど和睦に至るまでの詳細なやり取りといった、いわゆる実務レベルの活動については、史料上にはほとんど出てこない。二次史料だが、『伊達治家記録』の天正十六年（一五八八）の伊達氏と佐竹氏が衝突した郡山合戦における和睦調停に関する記事には、和睦交渉を行う使者が安全を獲保するために旗を掲げながら紛争中の両者間を移動したなど、調停を進める具体的な様子がみられ興味深い。

2　南奥領主による中人制はいつから始まったのか

南奥領主間による中人制の事例が、史料上に登場しその数が増えてくるのは、管見の限り天文年間（一五三二〜五五）である。天文年間というと、伊達家内では『塵芥集』を定め、陸奥国守護職に任命された十四代当主稙宗が活動した時期にあたる。天文年間後半には稙宗と息子晴宗の対立による天文の乱が発生し、南奥地域全体で大きな紛争が発生していた。さて初見の史料は、天文初年頃と見られる九月二十二日付 石河某宛 富塚仲綱書状（「首藤石川文書」）である。現白河市の領主の白川氏と、現須賀川市の領主の二階堂氏が争っていたようで、これに対して中人となって活動したのが現石川町の領主の石川氏である。また年次が明らかな史料では、天文十年（一五四一）に、伊達氏と現三春町の領主の田村氏との紛争に現相馬市の領主の相馬顕胤が中人となった事例がある（天文十年四月二十六日付 伊達晴宗宛田村隆顕起請文〔『伊達』一八一〕）。このように、中人活動を行う領主の存在が天文年間以降の史料から確認されるようになることから、南奥領主間における中人制は、およそ天文年間頃から始まったとみられる。

3　中人制に参加する勢力と地域

南奥のどの領主が中人制という紛争解決方法に参加していたのかという点であるが、先ほど述べた通り、南奥地域の大名・国衆がひと通りすべて参加していた。まず中人になった領主という点からみると南奥では、伊達氏をはじめ、蘆名氏・相馬氏・石川氏・白川氏・田村氏・岩城氏・二本松氏の活動が確認される（『伊達』「岩城文書」ほか）。これに加え北関東の佐竹氏や結城氏といった領主も中人活動を行っている（『伊達』「岩城文書」「早稲田大学白川文書」ほか）。またこの中人の介入を受けた紛争当事者もまた、南奥地域の大名・国衆らが中心で、さらには出羽最上氏や、越後上杉氏などの名前も見られる（（天正十五年）六月十五日付 四保兵部大輔宛 伊達政宗文書（「柴田家文書」）ほか）。このことから南奥の中人制は、南奥地域を中心にさらに南奥を取り巻く周辺地域まで含めて行われていたものであった。

4　紛争当事者と中人の関係

当たり前だが紛争者と中人は常に固定ではなく、その時々の友好関係に応じて入れ替わりがみられた。紛争主体が同じ勢力の場合、毎回同じ中人が立つ場合もあるが、別な場合もある。また一対一の争いの場合は、中人も一人の場合が多いが、複数の紛争当事者がいる場合や、一度中人による調停が不調に終わった場合は、複数の領主が中人となって調停を行っている。

調停に入る、つまり中人になるきっかけは、中人側からの立候補の場合もあれば、紛争当事者からの依頼があって入る場合もあるが、その辺りについては史料にあまり出てこない。

また中人制は調停行為であって、仲裁行為とは異なる。仲裁は上位権力が力や立場に任せて強制的に裁決する手法である。一方の調停行為は、あくまで仲介行為のみで、必ずしも受け入れられるとは限らない。紛争当事者が、和睦内容に納得できなければ調停を拒否することも可能である。実際に南奥でもそうした拒否事例が確認される。たとえば天正年間の伊達氏と相馬氏は長年紛争を繰り返していたが、岩城氏や田村氏の説得に対して、伊達輝宗が拒否の意向を示し、なかなか和睦が調わない状況に陥っていた（〔天正十二年カ〕三月二十八日付 蘆名盛隆宛 伊達実元書状〔『歴代古案』二〕）。ただし、いったん拒否された場合でも、別な中人が立つか、または中人の数を増やして繰り返しの調停を行い、最終的には「不足を抛《なげう》ち」といった表現を伴い、紛争当事者たちは完全に納得はしていないが和睦を受け入れてきた（年未詳八月十七日付 宛所未詳 伊達輝宗書状「色川本岩城文書抄出」）。

5　伊達氏の婚姻政策と中人制

紛争当事者と中人の関係という点では、もう一つ重要なことがある。それは、両者間の血縁関係である。実は戦国期前半の中人制に対して後半の中人制では、和睦の理由に新たな要素が加わる。

天文十年（一五四一）とみられる十一月二十七日付 掬月斎宛 伊達稙宗書状（「岡本文書」）では、初期の中人制の様子がうかがえる。内容は、岩城氏と佐竹氏の紛争に対して伊達・蘆名・田村三氏が中人となって和睦を成立させている。しかしその後、岩城氏が和睦を早々に破棄して佐竹氏との対立に及んでいるという事態が発生している。この緊急事態に対して稙宗の対応は、本来、岩城氏の約束反故については武力制裁するべきところだが、和睦がいったん調ったことに対しすぐに破棄して戦に及ぶことは外聞が悪いので、再度和睦を勧めるというものであった。ここで重要となるのは、敵方が約定を違えたことに対する武力的制裁を本来の道理としながらも、再度和睦することを優先した伊達方の姿勢である。再乱を防ごうとするなかで、外聞が悪いことをその理由に挙げており、こうした約束違反がよろしくないという認識は、伊達氏以外の南奥領主にも共通していたと推測される。結果として、武力報復を実行するよりも、南奥領主たちによる調停、すなわち中人制によって成立した平和の維持を優先する意識がもたれたのである。

ところが、時代が下るとこうした和睦に対する意識に新たな要素が加わることとなる。その背景には、伊達氏の婚

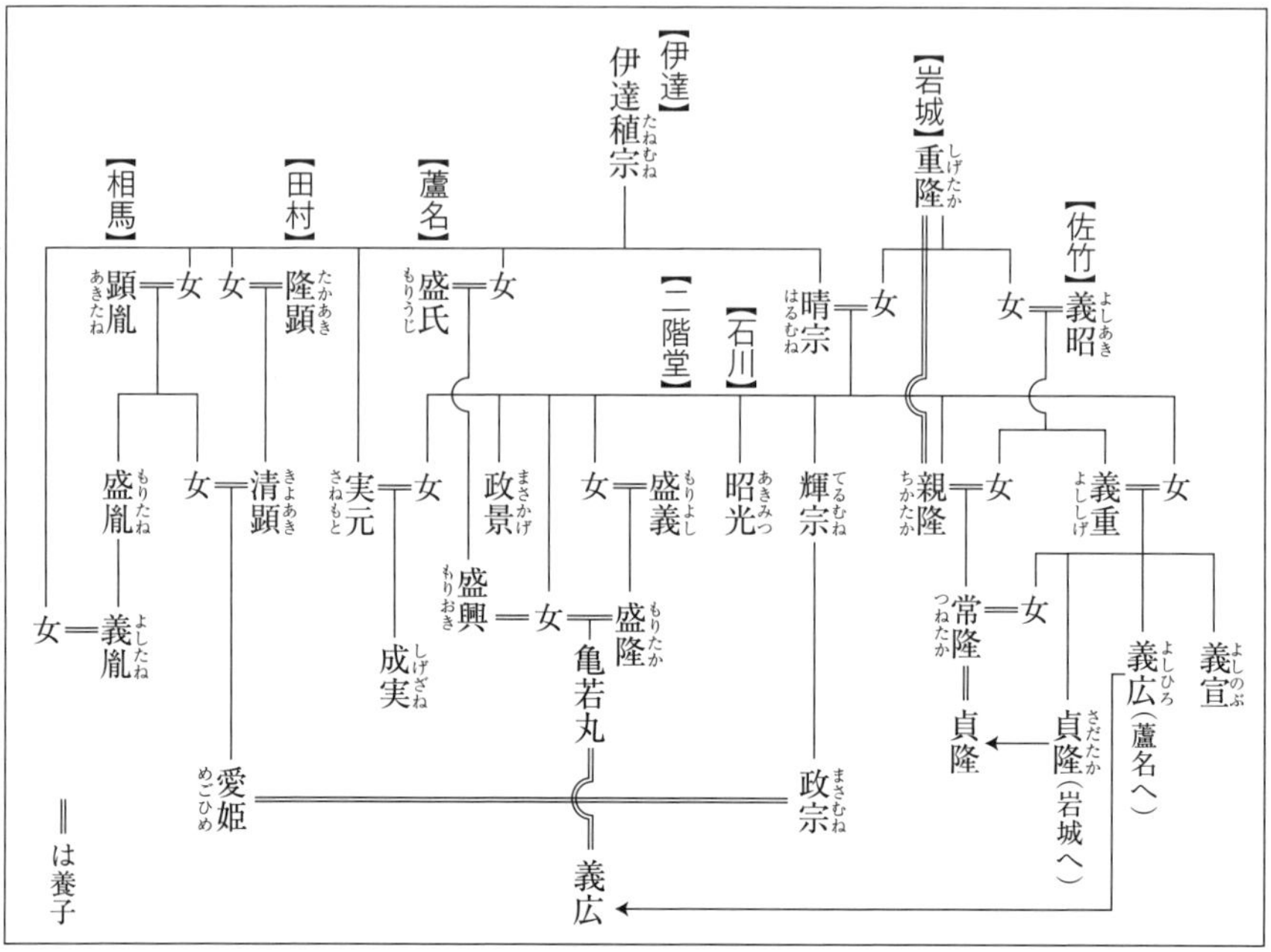

南奥領主間婚姻関係系図

姻政策がある。稙宗には二一人の子供がおり、その息子晴宗にも一一人の子供がいた。伊達氏はそれらの大半を周辺の領主へ養子縁組や入嫁を行う政策を進めた。その結果、永禄から天正期に至る頃には南奥のほぼすべての領主が複雑な婚姻関係によって結ばれ、何らかの血縁関係が生じるようになっていた。

　その時期の中人制事例の史料を見ると、「重縁」「骨肉」といった、いわゆる血縁関係を重視した文言が登場し、和睦を受け入れるべき重要な理由としてもち出されるようになっている。永禄九年（一五六六）正月十日付 伊達輝宗宛 蘆名止々斎起請文（『伊達』）は、須賀川をめぐって対立した伊達輝宗と蘆名盛氏の間で結ばれた和睦に関する史料である。ちなみにこの時の中人は岩城氏であった。ここで蘆名方は、伊達と蘆名は累代重縁であり骨肉の関係であり仲良くすべきとしている。この時、輝宗の叔母が盛氏の妻であり、盛氏嫡男である盛興の妻には輝宗の妹が嫁いでいるといった、文字通り骨肉のようにつながりの深い関係にあった。

このように伊達家の婚姻政策によって、南奥の領主がいずれも血縁関係で結ばれたことで、中人制による調停活動も、血縁関係を内包した活動へと変化していった。

6　中人制と平和

中人制が成立し得た要因のひとつは、先にみた領主間に存在した平和を優先する意識であった。時代を問わず、誰しも戦争状態でいるよりは平和でいることを望むものである。平和を良しとする意識があるからこそ、穏便な解決方法である中人制が採用された。ゆえに南奥領主が行っていた中人制に対しては、どちらかといえば平和的イメージが強いのではないだろうか。

しかし、この中人制は、必ずしも平和を実現することだけを目的としてはいなかった。たとえば天正十年頃、田村氏と佐竹・蘆名両氏の紛争に対して、伊達氏が中人となっている事例がある（〔天正十年カ〕五月十一日付 伊達輝宗宛田村清顕書状『伊達』）。しかし一方で同じ頃に伊達氏は山形の最上氏と紛争に及んでおり、田村氏が中人を行っている。この時、田村氏は伊達氏と友好関係にあり、互いの友好国が戦争によって疲弊し、のちのち自国の援助に支障がでることを恐れ、調停に入っていたとみられる。ほかにも自国が新たに戦争を仕掛けるために、友好国の安全を保持しておこうと中人行為に及んでいるともとれる事例もみられる。このように、南奥の中人制はそれぞれの利害関係や同盟関係を含みながら行われていたため、地域の平和を実現する手段として単純に理解して良いものではなかった。

そうしたことから、中人制で得られる平和も一時的であった。先に紹介した伊達氏と相馬氏の争いのように、中人により和睦するもしばらくすると再び紛争を起こすことや、中人となった者がすぐに別の紛争を起こすことは、よくみられた。

四　中人制が南奥地域にもたらしたもの

領主間で行われた中人制は、南奥地域に何をもたらしたのであろうか。それは南奥諸勢力の存続を保全する安全弁としての機能である。南奥地域においては全ての勢力がそれぞれ紛争を引き起こす主体となる一方で、同じように全ての勢力が相互に中人として紛争の調停を行ってきた。紛争が勃発した際には、途中で中人が立ち、あるいは立てられることによって調停が行われ、紛争当事者は調停内容に不満であっても、最終的には和睦を受け入れていたのである。その理由は、利害関係を含みながらも基本的には、平和を優先する意識が南奥領主間には存在していたことに加え、複雑に結びついた血縁関係があった。

このような中人調停が南奥地域一帯で繰り返し行われた結果、この地域ではどちらか一方の勢力が壊滅するというところまで紛争が発展しない、という特殊な状況が生み出された。結果としてそれが南奥諸家の存続を可能としたのである。そしてこの状況こそが、南奥地域において特定勢力が力をもち、周辺他氏の征服によって領域拡大することを防止する、いわば抑止力として働くことにもつながった。

このような中人制のあり方は、南奥地域では強権が成立・存在しえない政治秩序の形成という重要な意義をもっていた。これこそが、戦国期南奥において地域統一が進まない要因であった。単に統一が後れていたという評価をするのではなく、地域統一が進まない形こそが戦国期南奥の独特のあり方だったのである。このような戦国期の南奥地域における中人制の展開は、かつて勝俣氏が想定した展開とはまったく異なるものであった。すなわち勝俣氏は、領主間対立の激化・紛争の広域化を理由に中人制によって紛争解決できなかった場合について、二つの展開を想定した。

一つは守護など上位権力に委ねるものであり、もう一つは、国人一揆の裁定に委ねるものである。しかし、戦国期南奥地域では、守護権力のような上位権力も存在しえず、国人一揆の形成も見られなかった。したがって、上位権力による裁判権の集約も、領主間相互協定の締結も一切なかったのである。それに代わるこの中人制のあり方こそが、南奥で生まれた独特なあり方であった。

南奥地域では戦国最末期の天正十六年(一五八八)まで、中人制が継続して行われた。このように強権の成立・存在を阻んだ中人制に表れる政治秩序の崩壊が、南奥地域では新たな段階への画期となり、その画期こそが政宗期であった。

五　政宗期と中人制の崩壊

政宗の活動期は南奥の中人制が崩壊する時期にあたる。政宗が地域統一に成功したという事実は、裏を返せば先にみた強権の成立・存在を阻んだ中人制という地域秩序を克服したということである。

政宗期になると南奥の紛争は特定の勢力同士の対立に収斂されるようになった。天正年間後半になると、紛争の拡大により次第に南奥の紛争構図は伊達氏対佐竹氏という形になり、それ以外の南奥領主はどちらに味方するかという二極化の傾向が進んだ。その結果、本来公平な第三者として中人になりうる存在が欠如する状況になりつつあった。

そうしたなかで発生した天正十四年(一五八六)の二本松事件とその紛争解決事情は、中人制の崩壊を予期させるものであった。二本松事件とは、天正十三年に政宗の父輝宗を二本松義継が謀殺したことに対する、政宗が起こした一連の報復戦のことである。この二本松事件では佐竹・蘆名・石川・白川・岩城の五氏が二本松の援軍として参戦し、人取橋合戦に及ぶなど、天文の乱以来、南奥領主のほとんどが参戦する大規模紛争の様相を呈した。その後、参戦していた白川氏や不参戦の相馬氏などが中人となって調停活動を始めたが、最終的には相馬義胤の独断もあり二本松氏が城を捨てて落ち延びる、つまり二本松氏の滅亡というこれまでにない事態で決着をみたのである。これは中人制がもっていた南奥諸勢力の存続を保全する安全弁としての機能が失われたことを意味していた。

さらにこの時の中人制には面白い事情もみられる。天正十四年七月四日付 白石右衛門宗実宛 伊達政宗書状（「登米懐古館所蔵登米伊達家文書」）には、本来第三者たるべき中人を、伊達家の家臣であった伊達実元・亘理元宗・白石宗実が担っていたことが記されている。こうした事態を筆者は、異常な中人制と評価した。この二本松事件における中人制の事態は、それまで六十年弱にわたって続けられてきた南奥の政治秩序崩壊の予兆を示すものであった。天正末期はもはや中人となりうる存在も欠如しつつあり、中人制そのものが成立し難い状況に陥っていたのである。一方で、政宗が率先して従来の中人制の慣習を否定するわけではなく、無理やりにでも中人を立てて、なんとか南奥の中人制秩序を維持しようとしていたことも注目すべき点である。

一度危機を迎えた中人制であったが、その二年後に発生した郡山合戦では再び行われた。伊達氏と佐竹氏が直接衝突する二回目の大規模な戦闘が発生し、周辺領主もその戦闘に参加した。この時は相馬氏が伊達方に対立して戦闘行為に及んでいたが、岩城・石川両氏が中人となり調停行為が行われた。従来この中人制は本来の形通りに行われた調停と考えられてきた。しかし近年新たに（天正十六年）六月十九日付 岩城常隆宛 伊達政宗書状の発見により、岩城氏の当主常隆は参陣していないが、兵は佐竹軍に派遣されていたことがわかった（高橋二〇一八）。当主が参陣しないことは、もともと政宗との約束だったようである。それまで中人は公平な第三者として、戦闘には不参加の場合が一般的であった。しかしこの天正末期の二極化のなかでは、南奥の領主は伊達氏か佐竹氏のいずれかに協力せざるを得ない状況にあり、岩城氏の場合は佐竹氏に与し、郡山合戦では佐竹軍に兵を出し、当主本人は参陣しないことで伊達側への義理を果たしたのである。こうした状況で中人となった岩城氏も、本当の意味で公平な存在とは言い切れず、郡山合戦の中人制もやはり二本松事件の時と同様、本来の形から外れたものとして見直す必要が出てきた。

そして結局これが南奥最後の中人制事例となり、その後、中人制は機能せず、蘆名・二階堂とそれまで存続してきた勢力が政宗の手によって滅ぼされ、伊達家による南奥地域統一が実現したのである。

おわりに

中人制が南奥地域に果たした最大の役割とは、南奥諸勢力の存続のための安全弁という機能にあった。この地域では紛争が発生した場合、必然的に地縁あるいは血縁による中人が現れ、和睦調停が行われていた。その結果、紛争主体が相手方の紛争主体を滅亡に追いやるまでの戦闘には決して至ることなく紛争が終結し、周囲の征服を容易に展開できない状況が作られたのである。これこそがこの地域での中人制のあり方であった。このような中人制を、南奥の領主層は暗黙のルールとして相互に認め合う事で、南奥地域独特の政治秩序が形成されたのである。この中人制を基本とした南奥独特の様相は、地域における戦国時代の一つの姿であった。南奥の戦国時代は、天文期頃に始まり永禄期に本格化すると言われており、時を同じくして中人制もまた天文期頃から出現する。この事実は、戦国の最盛期にこそ中人制が必要とされた事を明確に示している。

政宗が登場した時代と場所は、こうした独特な政治秩序が形成されていたのである。政宗が地域統一を実現するには、まずこの伝統的な秩序を克服しなくてはならなかった。単に強い戦国大名が地域を併呑していくということだけではなく、こうした彼が直面していた地域の実態をふまえたうえで、統一の要因を探っていく必要がある。

さらに考慮すべきは地域の中だけではない。同時期に外部から押し寄せてくる、豊臣政権の惣無事という大きな波もまた注視すべきである。中人制という南奥の伝統的秩序が崩壊していくなかで、中央から強制的に押し付けられたものが豊臣政権による惣無事という新たな紛争解決の論理である。一時的ではあるが平和を実現するために、南奥の領主が自分たちの手で独自に形成した中人制秩序と、中央から平和を強制する惣無事は、相反するものであった。実は天正十二年(一五八四)には、いち早く佐竹氏が、そして天正十五年から十六年にかけて蘆名氏が豊臣政権に接近した事実がある(『新編会津風土記』)。つまり、天正十六年以降はすでに彼らは南奥の論理のなかで活動する存在から、中央の論理のなかで活動する存在に切り替わった可能性がある。とするならば、政宗にとって佐竹・蘆名両氏は、中人制秩序を遵守する仲間ではなく、それを壊す敵側にまわったということになろう。政宗が彼らを滅ぼす理由には十分である。

このように、政宗が果たした南奥統一という事象は、当時の南奥の状況やその他の領主の動向、そして外的な要因などをあわせて考えなくてはならない問題なのである。

参考文献

粟野俊之　二〇〇一『織豊政権と東国大名』吉川弘文館

勝俣鎮夫　一九七九『戦国法成立史論』東京大学出版会

小林清治　二〇〇八『戦国大名伊達氏の研究』高志書院

小林清治・大石直正編　一九七八『中世奥羽の世界』東京大学出版会

高橋　充　二〇一八「郡山陣中からの伊達政宗書状」福島県中世史研究会編『南奥中世史への挑戦』福島県中世史研究会
山田将之　二〇〇九「中人制における「奥州ノ作法」―戦国期の中人制と伊達氏の統一戦争―」『戦国史研究』五七

第二部　伊達政宗の挑戦

——天正年間の南奥羽戦国史——

会津急襲、塩松・二本松の合戦

高橋　明

一　政宗の家督

1　にわかの相続

伊達政宗は、伊達氏が蘆名家当主に亀若丸と決定するを知った直後に当主と決せられた。天正十二年（一五八四）十月六日、蘆名盛隆二十四歳が近習に斬り殺されて、次の当主を、先月生まれたばかりの盛隆の子亀若丸とするか、政宗弟の竺丸とするかが争われたのである。常陸太田城主の佐竹義重が亀若丸嗣立を当然とし、出羽米沢城主の伊達輝宗が子の竺丸を入れんとした。

蘆名氏と伊達氏は、盛隆の養父止々斎（盛氏）の祖父盛高と輝宗の曾祖父尚宗以来代々縁組を重ねて、「骨肉（血を一つにする）」の間柄と認識し合って（伊達文書『福島県史』7〔以下『福島』〕九九―一〇一）、好友関係が続いてきた。盛隆は須賀川城主二階堂盛義の子である。永禄九年（一五六六）に盛義が止々斎に屈服してその旗下となり、嫡男二郎（のち実名盛隆）六歳を証人として黒川城（会津若松市）に差し出した。この時、伊達家家督となったばかりの輝宗が、義兄の盛義を支援して蘆名氏と戦う（高橋二〇〇九）。兄の岩城親隆と岳父の最上栄林（義守）が「天魔の所行」「少気《わかげ》の故」とこれを諫めた（岩城親隆書状取意文「伊達正統世次考」巻之十下年欠秋八月二十日条、最上栄林書状取意文「伊達正統世次考」巻之十下年欠夏五月十五日条）。輝宗も和睦して、証として妹を蘆名盛興（盛氏の子）に嫁がせる。縁定は永禄元年に父晴宗が調えたものであったが、輝宗はその妹を自分の養女として嫁がせたのであった。盛興が天正二年六月に病死して、止々斎は盛隆を養子とし、盛興後室の婿として当主としたのである。

「旧冬」（天正元年）以来、止々斎は輝宗に次男を会津へと頻りに頼み、輝宗が言を左右にするに、止々斎はこれまでして不縁に終われば、蘆名と伊達の対立をはかる悪だくみに利用される恐れがあるとして、「言の約束ばかりも」と再三懇望するに、輝宗は次男が成人したならば「差し越し、盛氏奉公」させることもあろうと返答した。輝宗はこのことを田村清顕に知らせて、「始中終」「分別」するところなので、頃合いをもって「意見」をと求める（青山文書『福島』六九‐五〇）。輝宗は友好関係にあり、蘆名氏と対立する清顕を慮ったのである。五月十日、盛興はまちがいなく家督とすると述べ、早速差し越すことを懇請して（遠藤家文書『伊達氏重臣遠藤家文書・中島家文書〜戦国編』〈以下「遠藤」〉三〇）、二十余日後に死去した。盛隆横死直後の、輝宗の働きかけの根拠はこの経緯にあった。のちに政宗が蘆名氏討滅の理由を豊臣秀吉に弁明するに、父輝宗代に弟を会津にすえるとする約束を違えたと主張する（伊達文書『福島』九九‐一二三〇）。

三年後の天正五年の冬、輝宗が「ヌシ《（主）》」を欠くこととなった宮城郡の国分氏に「トウフン《（当分）》」弟の政重を「身《（輝宗）》ノタイクワン《（代官）》」として入れ、「明日ニモ身ノコトモ《（子供）》モチ候ハヽ、サシ《（差）》コシ《（越）》候ヘク」とした（茂庭家記録『仙台市史』資料編1古代中世、Ⅳ‐三七五）。すなわち、次男は死去してこの世にない。竺丸はこの直後に生まれた、その弟である。竺丸が入嗣することはなく、輩行名を小次郎とするが、天正十六年十一月二十六日に政宗が烏帽子親となって与えたものであり（「伊達家日記」）、政宗に至るまで伊達家督が代々次郎を輩行名とするのによれば、政宗の竺丸への愛《いと》おしみを示すものといえよう。

2 伊達・田村 vs 佐竹・蘆名・二階堂・白川・石川・岩城・大内・二本松

天正七年（一五七九）七月、蘆名止々斎は二十数年来白川氏を支援して戦ってきた佐竹義重と和睦し同盟して、「田村口」出馬を要請した。義重がこれに応じて（「伊達家文書」〈以下「伊達」〉二五六、小宅雄次郎家文書『唐沢山城跡調査報告書』別冊史料集、二八三）、義重に従う白川不説（義親）が同陣する。この年冬、田村清顕は一人娘愛姫《めご》十一歳を政宗十三歳に嫁がせた。遡ること二十年前の永禄二年（一五五九）、清顕が岩瀬郡北辺の滑川《なめがわ》・新田《にいだ》・畠田《はただ》・今泉・上守屋（いずれも須賀川市）等一帯と安積守屋（郡山市三穂田町）を占拠し支配した。「田村口」の戦いは、これを放置しては二階堂氏の滅亡必定と考える止々斎が、生家の二階堂氏を引き立てんとする盛隆を助ける、その奪還の戦いであった。田村本領の岩瀬・安積郡からの玄関口となる要衝御代田《みよだ》城（郡山市田村町）を攻め苦しめて被占領地を返させるとする策戦がとられたのである（「仙道会津元和八年老人覚書」）。この戦いのなかで、天正八年二階堂盛義が傷を負ってまもなく死去する。止々斎六十歳も老いて死ぬ。盛隆は盛義後室（輝宗の姉）が家政を執る二階堂氏をも支える。佐竹氏に従う岩城常隆が田村氏領の蓬田（平田村）を攻め、蘆名氏に従う石川庶族の大寺清光も盛隆に同陣し、義重・不説の三度目の出馬を得て、翌九年四月に被占領地の奪還は成った。

清顕の窮地を救わんとする伊達輝宗が、相馬義胤と下総結城城主の結城晴朝を誘って行った仲介によって和睦したものである。義胤の伯母は清顕の妻室にして、田村氏と昵懇の関係にある。晴朝は佐竹義重とともに下野国（栃木県）に相模小田原城主の北条氏直と戦う。義胤・晴朝は、それぞれに田村方・佐竹方の意を汲み、伊達家中の山誉斎が現地にあって要となり、伊達碩斎（輝宗の叔父）と中島宗求が田村氏と蘆名氏の陣にほぼ張り付いて折衝し、輝宗が杉目《すぎのめ》城（福島市杉妻町）にあってとりまとめたのである。

天正十二年一月、盛隆が田村攻撃を企てるに、蘆名氏の仙道（福島県中通り）経略の拠点となってきた長沼城（須賀川市）の城主新国貞通《にっくに》が、このことの妨げとなる行為を疑われ、黒川城に呼びつけられ問い質されて、「赦免」された（奥州文書二『福島』三四―一五、首藤石川文書『福島』六二―一三）。

四月六日、盛隆が出馬して二階堂勢をも率い、大寺清光も加わった。岩城常隆が東方から田村領を攻める。盛隆は田村氏の旗下の安積郡の村々の地頭を攻めたものと考えられる。五月に入って、盛隆は病を得て「輿ニて」帰る（『歴代古案』〈以下『歴代』〉一二七四）。

六月十三日、蘆名家宿老松本行輔と栗村下総が盛隆東山《ひがしやま》東光寺参詣の隙を突いて黒川城を占拠した。叛乱は一日にして鎮圧されたが、下総の実父新国貞通を長沼城に攻める。佐竹東義久の配下が南郷《みなみごう》（高野郡。のち東白川郡）・久慈郡（茨城県）等の兵を率いて援軍となり（秋田藩家蔵文書『茨城県史料』中世編Ⅳ、家蔵文書一五―三九、同『茨城県史料』中世編Ⅴ、同五〇―一六）、七月末頃に降参せしめた。

十月九日、盛隆横死してその訃を受けた義重は、蘆名家中に急使を発して「若子《わくご》」あればこれを嗣立するを自明として緊密提携の覚悟を伝え、須賀川城（須賀川市本町）に軍勢を派遣した。この機に乗じた田村氏の攻撃に備えるものである。そして二階堂氏に、「用所等（必要なことすべて）」の「相談」に応ずると伝える（「伊達政宗記録事蹟考記」一）。

十三日、新国貞通が伊達家臣高野親兼に宛て、輝宗「御念を入れられて」蘆名家中の「取り乱し」が収まったと礼を述べ、さらなる輝宗の「御塩味《ごえんみ》（お心配り）」を頼んだ（高野文書『長沼町史』2、四―一―七八）。「御念（お心にじっと思ってきたこと）」が竺丸を蘆名家嗣に入れることであり、それが義重の上述使者に先立って伝えられたことは疑いない。

十六日、亀若丸嗣立決定の知らせを受けた義重は折り返し急使を発して、重臣等の誓詞を要求し、田村氏との和睦を進めるべきを指示した。義重は二本松（畠山とも）義継と塩松《しおのまつ》（安達郡の阿武隈川以東）の小浜城主大内定綱にも使者を発した。義継・定綱もまた天正七年以来田村氏と争っていて、両者との提携を固めようとするものである。義重は二階堂氏の今後の体制にも容喙する（秋田藩家蔵文書『茨城県史料』中世編Ⅳ、家蔵文書三三―二）。

輝宗が竺丸を入れんとするは義重の牽制によって阻まれた。佐竹勢力との対立が明確となって、輝宗は政宗に家督を譲ってこの後を託したのである。政宗は「年少ヲ以テ頻ニ」「辞退」するも、「親族・老臣等モ固ク勧メ」るを受けて輝宗の「命ニ従」った（「貞山公治家記録」〔以下「貞山」〕天正十二年条）。重圧を覚えてのことであろう、政宗は寝込む。「本復」するは十二月半ばのこととなる（「遠藤」三四・三浦守氏所蔵文書『仙台市史資料編10伊達政宗文書1』〔以下『仙台』〕六・極月十七日付受心書状「伊達政宗記録事蹟考記」一・『千秋文庫所蔵佐竹古文書』二六五）。米沢城（米沢市丸の内）を明け渡した輝宗（道号性山・法号受心）は、さしあたり城下の鮎貝宗重の屋敷を借りて、「立山《たてやま》」（米沢市舘山）の普請にかかり、翌年夏半ばに竣工して隠居する（『歴代』一二六八、三月二十九日付受心書状「伊達政宗記録事蹟考記」一）。

3　蘆名氏内難

小林清治氏は、天正十二年一月の新国貞通の行動に始まり盛隆横死に至る一連の事件に、「輝宗の関与が絶無であったとは直ちには断言しがたいであろう」とされる（小林一九九七）。

蘆名老臣平田氏範は会津を離れるを余儀なくされて、南山《みなみやま》（大川上流域）の鳴山城主長沼盛秀のもとに身を寄せた。盛秀はかねてより伊達氏に通じていることが考えられる。氏範は政宗に、雪消えれば小田原（神奈川県）の北条氏のもとに身を移すと知らせるが、北条氏もまた伊達氏と友好関係にあった。氏範は「進退（身分と財産）」についての支援を政宗に乞う。氏範は、追放を虚偽のいいがかりによるものと政宗に知らせて（「遠藤」二）、継嗣問題における異論を理由とするものとはいわないが、対立が残っていることの表れと考えられよう。

二　会津急襲

1　蘆名家中調略

天正十三年(一五八五)三月初旬、政宗が蘆名・岩城氏と田村氏の和睦の仲介を佐竹義重に呼びかけた。義重は当方同様の所存にして、まこと機を得た提案と賛同の意を返答した。政宗が代替わりを告げ、義重がこれに祝意を伝えて、友好関係の継続を求める使者によって交わされたものである(「伊達」三〇九〜三一一、「遠藤」三三)。和睦仲介が進展することはなかった(『歴代』一二七五)。政宗は、次に述べる蘆名家臣を味方に取り込むべく調略を進めるに、擬態を演じたものとも考えられるように思われる。

四月十八日、政宗が辺見上総守に西海枝《さいかち》(喜多方市高郷町)の内を充て行うことを約束した(「引証記」一『仙台』一二)。西海枝は耶麻郡西部の山三郷《やまさんごう》の地にして、その方面における政宗の意に沿った調略を行うを条件とする。おそらくこの頃、耶麻郡中央部の北方《きたかた》の柴野(喜多方市関柴町)の柴野弾正と、同じく桧原(北塩原村)の穴沢氏庶族の穴沢四郎兵衛も政宗に従うを約束した。耶麻郡東部の猪苗代(磐梯町磐梯以東)の猪苗代盛種の父盛国は三月半ばに政宗と通じている(『歴代』一二六八)。

2　北方急襲

五月二日、伊達老臣原田宗時が手勢を率い、申倉越《さるくらごえ》(喜多方市岩月町)を越えて柴野弾正の屋敷に入った。翌日政宗本軍が桧原口から攻め下るに合わせて兵を挙げる段取りであったものと思われるが、弾正は案に相違して屋敷構えに住まいし、翌朝まで兵を潜めるはならず、やむなく挙兵して敗れ退いた（「政宗記」）。

翌三日、政宗が桧原に出馬して難なく占拠するが（「仙道会津元和八年老人覚書」）、宗時敗退して会津平《たいら》進撃の策戦は頓挫し、大半の兵を米沢へ返す。そして、政宗は猪苗代氏への調略を進めるも失敗して、越後春日山城主上杉景勝の家督祝儀の使者を受けて同陣する父受心（輝宗）とともに返札し、桧原進陣を知った小田原城主北条氏直が秋の常州出馬すなわち佐竹氏攻撃を知らせて、これまでどおり相談して事にあたることを求める使者を迎えるなどして五十七日滞陣する。政宗が取上峠《とりあげとうげ》から大塩（ともに北塩原村）に下る道を発見して、この後の進撃はこの道筋が適当と思うなどと述べるのによれば（登米懐古館所蔵登米伊達家文書『仙台』一六）、来たるべき進攻の方策を探ったのである。

政宗はこの間に桧原城を築造し、後藤信康を城代として米沢に帰る。桧原城の任務は米沢道の閉鎖、会津の情報収集と蘆名家中の工作にあった。蘆名方は大塩城を築いて、伊達勢が攻め下るを防ぐに努めるとして、桧原奪還の方針はない。

政宗の一歳違いの従弟にして股肱の臣たる伊達成実の手になる「政宗記」は、柴野合戦のとき、「会津衆は以ての外取みだし、味方は方々助け来りけれども、か様なるは会津中心替り候べきとて、我は人、さて人は我と、相互ひの疑心にて、憧躁《（焦燥）》（あせりいらだつ）」とするが、企ては、北方《きたかた》ないしその一部を制圧するはともかく、蘆名家そのものを従えるにあったと考えられる。圧力を加えれば、蘆名家中がなだれを打って従うと踏んだのである。同書に、政宗が北方攻撃の結末を「万《（よろず）》無手際にて空しく引込候」と述べたと記され、成実自身も「無首尾」と述べる。また、「政宗十九歳の五月、在城米沢より出給ひ、軍行始《（いくさてだてはじ）》め是也、成実も其時十八歳にて、何のわきまひもなく他国へ武略、今存合《（おぼえあわせ）》けるに、扨も危うきことども哉と、余所の聞も辱敷《（はずかしく）》、身の毛もよだち候事」とも述べる。政宗は蘆

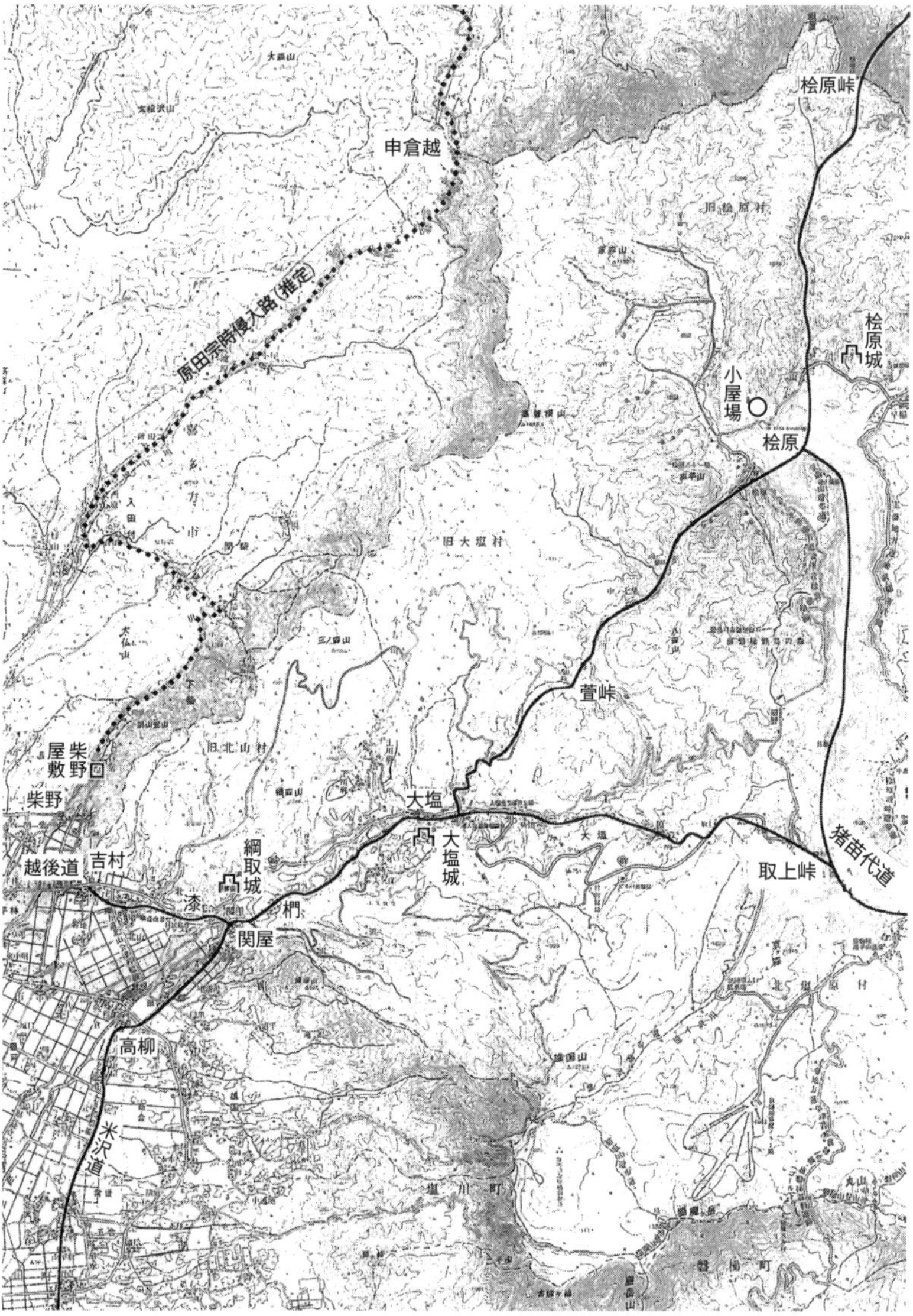

図１　柴野屋敷と大塩城・桧原城（基図は「北塩原村全図」）

名氏の向こうに佐竹氏をみる。

三　塩松の合戦

1　小手森城撫切

天正十三年(一五八五)四月七日、それは蘆名家中への調略が進められた時期であるが、政宗は田村清顕の申し入れを容れ、出馬して大内定綱を討つことを約束した。定綱が家督の祝儀に米沢を訪れ、いったん伊達家の旗下となるを約束して、それを覆したことを理由とするが、政宗は「皆会津よりの底意(蘆名氏の差し金)」によると判断した。定綱は政宗が寝込むの間米沢に滞留している(「政宗記」)。

政宗は、桧原から納馬してすぐさま大内家中の調略にとりかかり、兵を出し、閏八月下旬には出馬して、清顕とともに小手森城(二本松市針道)を攻め落とした。政宗は山形城主の最上義光(政宗の伯父)に、城主はじめ「五百余人を討ち捕り、女・童」「犬訖撫で切りニ」するに、「二時ばかり」の内に五つの城が自落するなどして、定綱居城の小浜(二本松市)より前に敵城は一つもなくなったと誇らかに告げ、「此の上は須加河訖打ち出し、関東中も手安く候」と述べる(佐藤文右衛門氏所蔵文書『仙台』二二)。須賀川城は後述する本宮観音堂合戦等、常に佐竹連合軍の集結・出撃基地となる。「関東中」は佐竹氏の版図をいうものと思われる。なお、義光は政宗の会津攻撃をはげしく批難して、岩城常隆が須賀川に出馬して政宗を牽制するを了とした。この年「秋以来」、政宗は「関東に向かい在陣致さ」ると、股肱の臣片倉景綱が述べる(「伊達」三二七九)。

九月二十五日、定綱は小浜城を自焼して二本松に退き、次いで会津に奔《はし》る。蘆名・二本松氏が定綱に加勢して、その援兵とともに逃れたのである。岩城常隆もまた須賀川に「擬作(田村領攻撃の構え)」をみせ、留守する家臣の猪狩紀伊に命じて大越・鹿股《かんまた》(ともに田村市)近くに狼煙を上げさせるなどした。蘆名氏より塩松について急報を受けた佐竹義重は、十月一日、対応を相談すべく北条氏領榎本(栃木市大平町)攻めの陣から納馬したことを返報した。そのことを常隆にも知らせる(『千秋文庫所蔵佐竹古文書』一七六)。

2　粟の巣の変

政宗は、小手森城の攻防戦に大内方の先陣をつとめるなどした二本松義継は定綱同然の敵として、二本松城(二本松市郭内)攻めの構えをとる。「政宗記」は、義継は受心(輝宗)に「身代相立られ」よう「懇望」したとする。二本松家臣であった山口猪之丞が「常に物語せしを写置」いたとする「山口道斎物語」は、受心が義継に和睦を促したとし、杉田川・油井川間の五か村を残して譲り渡して、家臣たちは居城館と「本知」を安堵して伊達家臣とし、嫡男国王丸を人質とするとする条件を呑んで降参が認められたとする。そして十月八日、義継が宮森城(二本松市小浜)に受心を訪ねて礼を「申上」げるに、家臣より謀殺あるかの耳打ちあって、やにわに受心を拘え、二本松に向かって「引立」てたのである。そして、阿武隈川間近の「粟の巣」(二本松市沖)において輝宗・義継「互ひに(それぞれ)生害」となった(「政宗記」)。三十七年後の元和八年(一六二二)十二月五日に小浜村の藤右衛門六十六歳等が時の領主蒲生忠郷に提出した「書上」は、義継との会面を拒絶して鷹野に在り、知らせを受けて「走附」けた政宗が「輝宗共に打と呼懸」けるも、「手出し仕者無之」、義継が「輝宗を指殺《さしころし》、其刀にて自害」したとする(「仙道会津元和八年老人覚書」続々群書類従本)。

四　二本松の合戦

1　二本松攻城

「山口道斎物語」は、「伊達の大軍、付入にせん事、疑なしとて」、二本松方は「諸臣」「皆々」「証人先に立」て、二本松城に「籠城」したとする。「政宗記」は「本宮・玉の井・渋川、此三ヶ所も同八日の夜二本松へ集ま」ったとし、「山口道斎物語」は重臣新城弾正・岩角伊勢・大槻中務等一八人、「其外、西南は玉井・本宮・杉田・大江・永田・箕輪・原瀬・椚山・館野村、北東は川崎・上成田・油井・渋川・吉倉・米沢・沼袋・塩沢、其外小村は不尽記、或は城、或館、或は屋敷構にて、一村に六七ヶ所づゝありけれ共、皆明て二本松へ籠城せり」とする。「御譜代衆も大身・小身共、多分内々は伊達へ心を通ずるよし風聞」するによったものである。籠城戦を戦った山口猪之丞が、「二本松の城を政宗急に(きびしく)攻られざるは」、会津・佐竹・岩城勢の「後詰を気遣」うによると述べる。ここにいう「後詰」は、城を攻囲して、後ろから攻められるをいう。

2　本宮観音堂合戦

天正十三年十一月十六日、佐竹・蘆名・岩城・石川・白川氏の連合軍が安積郡前田沢(郡山市喜久田町)の南の原に野陣を構えた。「政宗記」は佐竹義重・義宣(義重の子)・蘆名義広・岩城常隆・石川昭光・白川不説の出馬をいう。本書に先立つ、同じ成実の手になる類本の「伊達日記」「成実記」は義宣の同陣をいわない。「蘆名義広」は亀若丸代の誤りである。

政宗は本宮城（本宮市本宮字舘ノ越）に入り、玉井城（大玉村）に白石宗実が、そして安積郡の高倉城（郡山市日和田町）に富塚宗綱・桑折宗長・伊藤重信が入った。二本松庶族の高倉近江守は天正四年（一五七六）以来田村清顕の麾下に属して、政宗に従う。

十七日、政宗は本宮南端の観音堂（本宮市本宮字葭ヶ入）に本陣を張り、成実が高倉から本宮に通ずる「海道」の山沿い（本宮市仁井田字枡形）に陣を備えた。元禄十六年（一七〇三）成立の仙台藩撰「貞山」は、本陣「人数都合四千許リ」、成実陣「士卒千余」にして、伊達方総勢は「七八千」プラス成実「士卒千余」、すなわちほぼ八、九千人、連合軍は「五千余騎」にして「三万許リ」とする。「政宗記」によるに、連合軍は三手に分かれて、一手は前田沢からすぐに五百《いほ》川を渉って観音堂に向かい、一手は五百川南岸の段丘上を進んで高倉城を攻め、一手は段丘北端のところ（国道四号辺り）で荒井（本宮市）に渉った。

観音堂の本陣は押し下げられ、茂庭左月（良直）をはじめ一〇〇余人が討ち取られた。しかるに、荒井に渉った連合勢の一部が高倉城を出て観音堂に向かう浜田景隆・高野親兼等を追掩するに、成実手勢がこれを攻め人取橋まで追い付けて二五〇余人を討ち取った。この日、物別れして岩角《いわづの》（本宮市和田）へ引き上げた政宗が、諸軍を助けたと成実の勲功を賞賛する（亘理伊達家文書『仙台』二九）。「政宗記」はこの局面を「人取橋合戦」と呼び、合戦の全体をは「本宮戦」と呼んだ。「貞山」が、左月が「観音堂前ヨリ出テ」「荒井辺ニ向テ進ミ行」き、「敵ニ値《あ》フテ挑戦《いどみたたか》」い、「大勢ニ推立ラレ、人取橋ノ方ニ退」くに、「敗卒ヲ下知シ」「殿後《しんがり》シテ」「討死ス」とするは虚構である。成実家士の戦いを述べるに、「終《つい》ニ敵ヲ山ノ南五町許リ橋詰メニ追下ス」として橋の名をいわない。「貞山」は左月の〝戦い〟を「人取橋ノ戦」と呼び、合戦の全体をも「人取橋御合戦」「人取橋御戦」と呼ぶ。合戦の全体をは「本宮観音堂合戦」と呼ぶのが適当と考える。

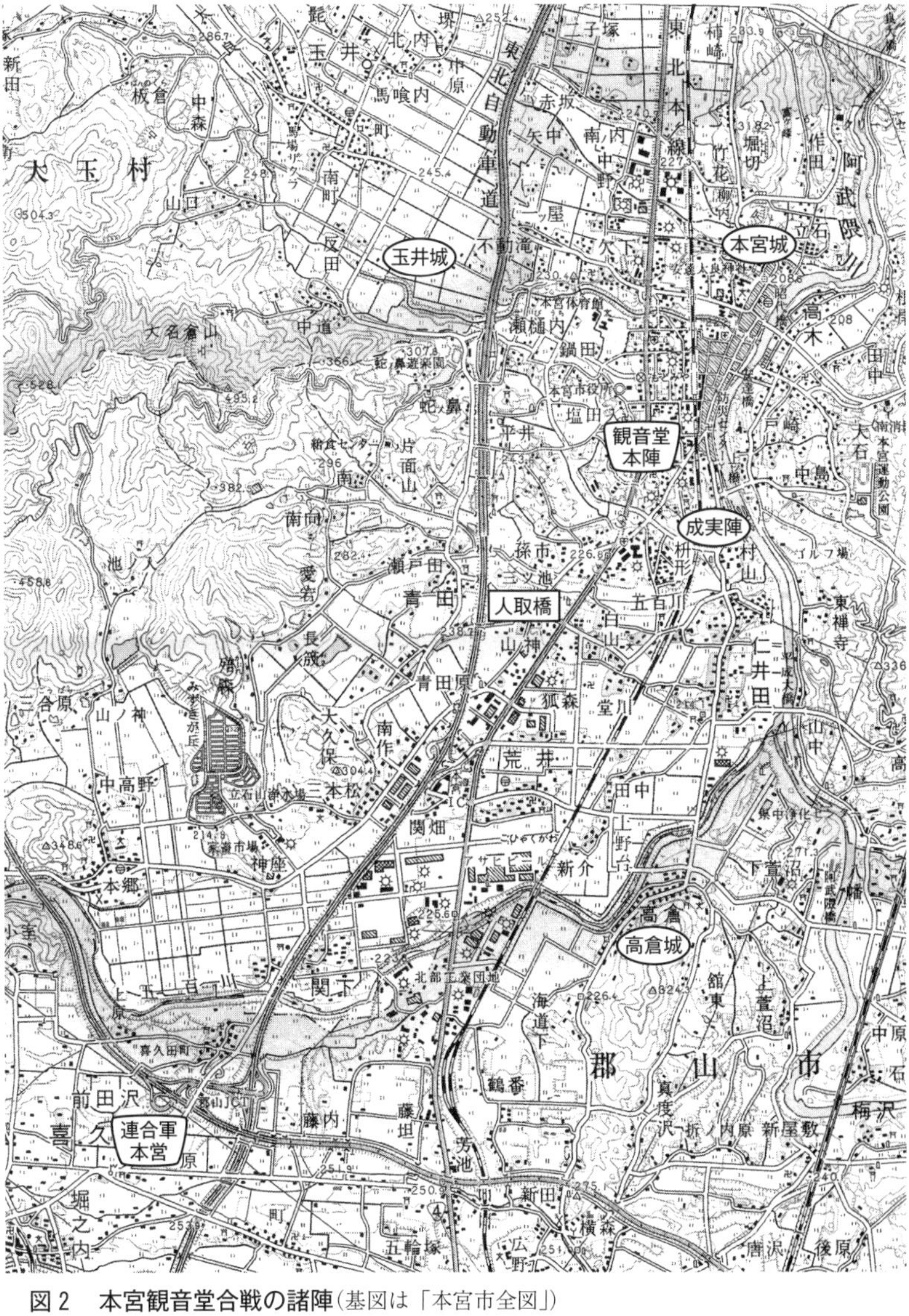

図２　本宮観音堂合戦の諸陣（基図は「本宮市全図」）

連合軍が明日は本宮城を攻めると知って、成実・留守政景（政宗の叔父）等が寅の刻すなわち午前四時頃に本宮に打ち出した。しかるに、佐竹・蘆名・岩城勢等の野陣は前田沢に引き、まもなく撤退したのである。元禄年（一六八八〜一七〇四）成立の「戸部氏覚書」は「安房ノ里見ニ南方衆一味シテ佐竹ニ相働由、義宣ヨリ飛脚到来」するによるとする。「南方」は北条氏をいう。この直後、政宗は北条氏直に音信して連合するを求め、翌仲春にそれが成る（伊達文書『福島』九九一一七三）。

3　無血開城

天正十四年（一五八六）二月一日、二本松老臣新城盛継が北条氏との戦陣にある佐竹義重に「開陣」次第の出馬を要請し、岩城常隆にも出馬を「意見」するよう依頼した。政宗は小浜城に在って二本松城攻めの「計策」にあたる（佐竹文書『福島』一四三一一五）。

この月、二本松城中の宿老箕輪玄蕃・氏家新兵衛・遊佐丹波・同下総・堀江越中が政宗に内通し、小谷を隔てる箕輪館に軍勢を入れて攻めるべきを申し入れた。それぞれが人質を差し出す。三月十一日、片倉景綱等が入った箕輪館を二本松城兵が攻めて、景綱等は耐え切れず退いた。「城中計らい合わせ候て、表の面々七、八人」が地下人《じげにん》二〇〇〇余人を引き連れて二本松城を出る（「引証記」二『仙台』三七）。

四月初め、政宗が二本松に出馬するも、「佐竹・会津・岩城勢の後詰を気遣」って城を巻き詰めることはせず、「北南東方向から五、六日」攻めて終わった（「山口道斎物語」「政宗記」）。

十九日、豊臣秀吉が佐竹義重の「会津と伊達累年鉾楯（積年抗争）」とする知らせに返礼して、和睦の世話をすることを命じた。伊達氏と二本松氏の戦いが蘆名氏との抗争の一環と認識されているように思われる。秀吉は「境目等の事は当知行（現実に支配している状態）に任せ」、「双方自然（万一）存分（思うところ）」あらば「返事に依り使者を差し越す」すなわち関白職権をもって裁定するとする（上杉家文書『新潟県史』資料編3、四〇八）。

二本松氏は兵糧・弓鉄砲も尽き果て手詰まりとなって、和睦の仲介を相馬義胤に依頼した。蘆名氏は中野常陸介と佐瀬外記を二本松に派遣し、城の状況と二本松氏の「内存（内々に思うところ）」を把握して佐竹・岩城氏に相談しようとした。二人に相馬家中の面々が面会を求め、二本松家中の催促あってそのことが行われたが、二本松氏が相馬氏に仲介を要請するにあたって常陸介と外記に相談することはなかった（合編白河石川文書『白河市史』五、二―I―九七二）。

五月半ば、相馬義胤の使者に白川家中の舟尾昭直・三森安芸守が随伴して太田城（常陸太田市中城町）に佐竹義重を訪うに、義重は存分を述べて惣和すなわち関係諸氏の和睦の仲介を進めるを了とした。伊達政宗は当初「一和《いっか》（折り合って一致する）」を求める義胤の使者を退けたが、再三の要請にこれを容れ、田村氏の同意を取り付け、七月四日に家中の談合を開いて応諾の意志を固めた。伊達実元・亘理元宗（ともに政宗の大叔父）と白石宗実は中人《ちゅうにん》となって談合に加わらない。田村清顕が白川不説と同じような立場で中人となるのが自然と思われるが、清顕に何らかの事情があってそうならず、異例のことながら、伊達家中の実元等が務める形がとられたものと思われる。そして、七日に返答して、まとまった和睦の条件は、十四日に相馬衆が二本松城に入って二本松主従の安全を保障し、十六日に実城《みじょう》すなわち本曲輪だけ焼いて明け渡すとし、新城盛継・同新庵は本領を保って二本松にとどまるを認めるとするものであった（「引証記」二『仙台』四二）。十二日、蘆名氏は不説の仲介を受け、和睦を案外としながらも、二本松氏の意向であればよんどころなく、佐竹・岩城両氏の意見に任せるとしてこれを受け容れる。

十六日、国王丸以下「御一門其の他鹿子田氏を始めとし」離城して会津に退き（「山口道斎物語」）、「地下人どもは思いゝ〳〵に方々へ引き除け」た（「政宗記」）。「御一門」は、和睦条件において残留が認められた盛継・新庵等をいう。政宗は桧原城代後藤信康に、この上は「其の口へ出馬希む所に候」と伝える（「引証記」二『仙台』三九）。

同月下旬、政宗が一連の合戦の論功行賞を行った。それは、伊達家臣は二本松城主となった伊達成実、塩松宮森城主となった白石宗実、そして成実の跡地を与えられて大森城主となった片倉景綱に限られ、他はすべて伊達方に内応した大内・二本松旧臣等塩松・二本松、さらには僅かであるが小手郷（伊達郡南部）の住人が対象となるものであった。二本松旧臣についてみれば、初めに最も勲功のあった箕輪玄蕃・堀江式部・遊佐丹波守・苗代田木工允・狩野孫右衛門・氏家新兵衛・遊佐源左衛門・おかた二郎右衛門に行われるが、式部・丹波守・新兵衛は本宮城代であった。次いで「もとミや衆」三六人、そしてそれ以外の一七人に行われた（「二本松配分之日記」『二本松市史』3、三―1―一四二）。本宮衆は元来二本松庶族の本宮氏の臣で、天文の乱に伊達晴宗（輝宗の父）方となった本宮宗頼が岩城に逐われて以降に二本松直臣となった地頭たちである。それ以外の一七人の中に「高玉近江守」をみる。近江守は安積郡高倉城主の高倉近江守であり、高玉氏の名跡が与えられたことが考えられる。高玉城（郡山市熱海町）を維持している二本松庶族の高玉太郎右衛門（近江守の義兄弟）、そして旧太田城主の太田主膳、および旧玉井城主の玉井日向守は、政宗に服することなく、高玉城に拠って抵抗を続けている。

十月九日、田村清顕が「頓死（急死）」した（「政宗記」、「貞山」天正十四年十月九日条）。そして十一月中旬、相馬・田村両氏の呼びかけにより、両家の重臣新館左衛門・橋本顕徳と伊達重臣片倉景綱の会談が行われた。伊達氏と「五、六家」の「入魂《じゅこん》」のことを話し合うものである。「惣和」にとどまらず、友好関係を結ぶことが協議されたのである。政宗は「入らざる事」としながら、十一月二十四日に佐竹義重の直々の飛脚を迎えてこれを受け容れた（「引証記」一『仙台』八八）。

翌十五年二月八日、政宗は桧原城代の後藤信康に宛て、これを「公辺（上辺）」のこととし、「内々油断な」くと伝える。蘆名亀若丸が早世してその跡に佐竹義重の次男の白川義広が入るが、政宗はそれを「唱（噂）」によって知る（「引証記」一『仙台』九一）。「貞山」は、政宗「御弟竺丸殿ヲ家督トシ玉フヘキ由、内々相談セラル、然ルニ今度違変ニ及ヒ、佐竹常陸介殿次男義広ヲ立ラルノ沙汰」あるとする。

参考文献

垣内和孝　二〇一一「天正一四年の二本松「惣和」と伊達政宗」『中央史学』三四
――――　二〇一五「伊達政宗の家督相続と蘆名氏」『日本歴史』八〇六
――――　二〇一六「二　南奥の国衆と佐竹氏」遠藤ゆり子編『東北の中世史4　伊達氏と戦国争乱』吉川弘文館
菅野正道　二〇一六「一　伊達氏、戦国大名へ」遠藤ゆり子編『東北の中世史4　伊達氏と戦国争乱』
小林清治　一九八九「第四節　戦国期の塩松」『岩代町史』1、第四章
――――　一九九七「第一節　戦国大名伊達氏」『米沢市史』一、第四章。のち同著『戦国大名伊達氏の研究』高志書院所収
――――　一九九九「第三節　畠山氏滅亡と伊達氏の二本松支配」『二本松市史』1、第三編第四章。のち同著『戦国大名伊達氏の研究』所収
――――　二〇〇四「第四節　義親と中世白川氏の終末」『白河市史』一、第三編第四章。のち同著『戦国大名伊達氏の研究』所収
――――　二〇〇五「第四章　戦国末期の長沼」『長沼町史』1、第三編。のち同著『戦国大名伊達氏の研究』所収
高橋　明　二〇〇七「第三章　中世」『北塩原村史』通史編
――――　二〇〇九「永禄七、八年の長沼をめぐる抗争」藤木久志・伊藤喜良編『奥羽から中世をみる』吉川弘文館

三春城の攻防と郡山合戦

垣内和孝

はじめに

天正七年（一五七九）、田村清顕娘の愛姫と伊達政宗が結婚した。周囲を敵対勢力に囲まれた田村氏が、活路を伊達氏との同盟に求めた結果であり、伊達氏を頼む政略と評価できる。同十四年、政宗舅の清顕が急死する。しかし田村氏では男性の当主を立てず、清顕後室相馬氏・田村月斎・田村梅雪斎・田村右衛門・橋本刑部による集団指導体制を執った。「公（政宗）、御子出生シ玉ハヽ、養テ田村ノ家嗣トシ玉フヘシト、嘗テ清顕ノ仰セアリ（カッコ内引用者注記、以下同じ）」（「貞山公治家記録」、以下「貞山」）という清顕遺言のゆえである。

本稿では、その後に展開した天正十六年の三春城をめぐる攻防と郡山合戦の経緯を概観し、この時期の田村氏のあり方や同氏の本城である三春城の持つ意味などについて考える。80〜82頁の表は、天正十六年の四月から九月にかけての主な出来事を、「伊達天正日記」（以下「天正日記」）や「貞山」、関係文書などから時系列にまとめたものである。表中に破線で示したように、この間の出来事は三段階に分けることができる。以下では、三春城攻防・郡山合戦・田村仕置の各段階ごとにみていく。

天正16年4～9月の主な出来事

月日	内容
4月7日	東安達百目木の石川弾正が、田村方から相馬方に転じる。
4月14日	川俣の桜田資親に、政宗が対応を命じる。
4月16日	苅松田の青木弘房が、政宗に対して砦の普請を進言し、樵山に砦を築く。
5月1日	政宗が、石川弾正討伐の陣触を発する。
5月15日	政宗が米沢を出馬し、夜に大森へ着陣。
5月21日	政宗が築館へ着陣。
5月22日	政宗が小手森城を攻撃。
	この間、相馬義胤が東安達へ出馬し、月山・百目木城に軍勢を配備。伊達・相馬両軍の対峙は続くが、降雨のため伊達軍の小手森城攻撃は見送り。
5月26日	政宗が大森へ帰城。
閏5月5日	これ以前、相馬義胤が佐竹義重・蘆名義広・岩城常隆等に仙道への出馬を要請。→岩城常隆は不出馬で軍勢のみ派遣。
閏5月11日	蘆名義広が黒川を出馬。
閏5月12日	相馬義胤が三春城への強行入城を企てるが失敗。田村清顕後室相馬氏と田村家中の大越顕光が義胤に協力。
閏5月13日	政宗が宮森へ着陣。
閏5月15日	伊達軍が月山城を攻撃。
閏5月16日	伊達軍の攻撃により小手森落城。
閏5月17日	伊達軍の攻撃により大倉落城。
閏5月18日	月山・百目木・石沢城が自落。
閏5月19日	相馬義胤が船引城から退去。
閏5月23日	佐竹義重が太田を出馬。
	この前後、伊達軍が大越城を攻撃。

閏5月28日	常葉から大越に軍事行動。
閏5月29日	田村右衛門清康が大越に軍事行動。
閏5月30日	政宗の在馬する宮森城に櫓が建設。
6月2日	鹿股から大越に軍事行動。
6月5日	政宗の代官として、伊達成実が大越城を攻撃。
6月8日	佐竹義重が須賀川へ着陣。
6月9日	佐竹義重が石川昭光に対し、6月11日の小原田張陣の予定を報知。
6月11日	佐竹・蘆名連合軍が大槻へ進軍し、阿久土を経て郡山へ侵攻。
〃	政宗が宮森から杉田へ移馬。
6月12～15日	政宗が山王山から敵情視察。政宗は本宮に在馬。
6月13日	連合軍が、郡山の西の高台に築山を二つ築き、町を見下ろし鉄砲で攻撃。
6月15日	伊達方が久保田城・福原城・高倉城の「本丸」を接収。
6月16日	政宗が「福原の前」に本陣を置く。山王山は伊達成実陣所。
〃	連合軍が成実陣所の山王山を攻撃。
6月17日	白石宗実が蘆名陣所を夜襲。
6月18日	連合軍が成実陣所の山王山を攻撃。
6月19日	伊達方の笹川から越久に軍事行動。
6月21～23日	郡山城と久保田城の間に連合軍が砦を普請。
6月24日	白石宗実が久保田城を改修。
6月26日	連合軍が、先に普請した砦の東側にさらに砦を普請。
	この間、伊達方も久保田に砦を普請。
7月3日	政宗が郡山城の郡山頼祐に対し、自筆書状を送り督励。
	この前後、郡山城へ伊達方が兵糧・玉薬を補給。伊達方の援軍到着。
7月4日	郡山城と久保田城のあいだの地点で戦闘。伊達家中の伊藤肥前討死。

7月9日	伊達方の守山から小原田に軍事行動。
7月16日	岩城常隆・石川昭光の仲介で講和成立。政宗と義重が使者を介して「御神水」を交換。
7月20日	政宗が、郡山の商人である山本伊勢守に領内通行の特権を付与。
7月21日	両軍が陣払いし、政宗は宮森へ帰城。
7月22日	田村宗顕・田村梅雪斎・橋本刑部等が宮森の政宗のもとへ参向。
7月23日	田村月斎・田村梅雪斎・田村右衛門・橋本刑部が政宗のもとへ参上し、清顕後室相馬氏の「隠居」と田村宗顕の田村「名代」が決定。
7月29日	片倉景綱と白石宗実が三春へ派遣。
8月3日	清顕後室相馬氏が三春城を退去し、田村宗顕が三春入城。
8月4日	これ以前、田村月斎・橋本刑部の提案で政宗が「牢人払ヒ」を命令。
〃	田村梅雪斎・田村右衛門が三春を退去。
8月5日	政宗の三春入城。政宗が「御ひかし」へ赴き「御めし」。亘理元宗・伊達成実等の伊達一門が御相伴。
8月6日	石沢城破却の代官が派遣。
	同日以降、挨拶・祝儀・贈答・酒宴・御相伴の連続。
8月10日	政宗が「三春要害」を視察。6日に派遣の代官帰還。
8月27日	政宗が「やうかい（要害）」を視察。
9月16日	政宗が「御ひかし」へ挨拶。
9月17日	政宗が三春を出城し、大森で宿泊。
9月18日	政宗が米沢へ納馬。

注　「伊達天正日記」「貞山公治家記録」および関連文書などから作成。

一　三春城攻防

まだ田村清顕が在世していた天正十三年（一五八五）、その清顕の要請を受け、伊達政宗が東安達に侵攻し、田村氏から離反した大内定綱を追った。その結果、東安達は伊達氏と田村氏で分割され、伊達家中の白石宗実が東安達の伊達領分に封じられる。宗実は、白石氏の由緒の地である苅田郡白石から転じており、この移動は伊達氏の家臣団編成において大きな意味を持つ。

天正十六年四月、東安達百目木の石川弾正が田村氏から離反する。それを受けて政宗は、翌五月に石川弾正討伐のために東安達へ出馬する。石川弾正の離反は、相馬氏と通じたものであったため、相馬義胤も東安達へ出馬する。東安達の田村領をめぐって、政宗と義胤が抗争することになったのである。義胤の東安達田村領への介入は、伊達氏を頼む田村氏の政略の動揺を反映する。

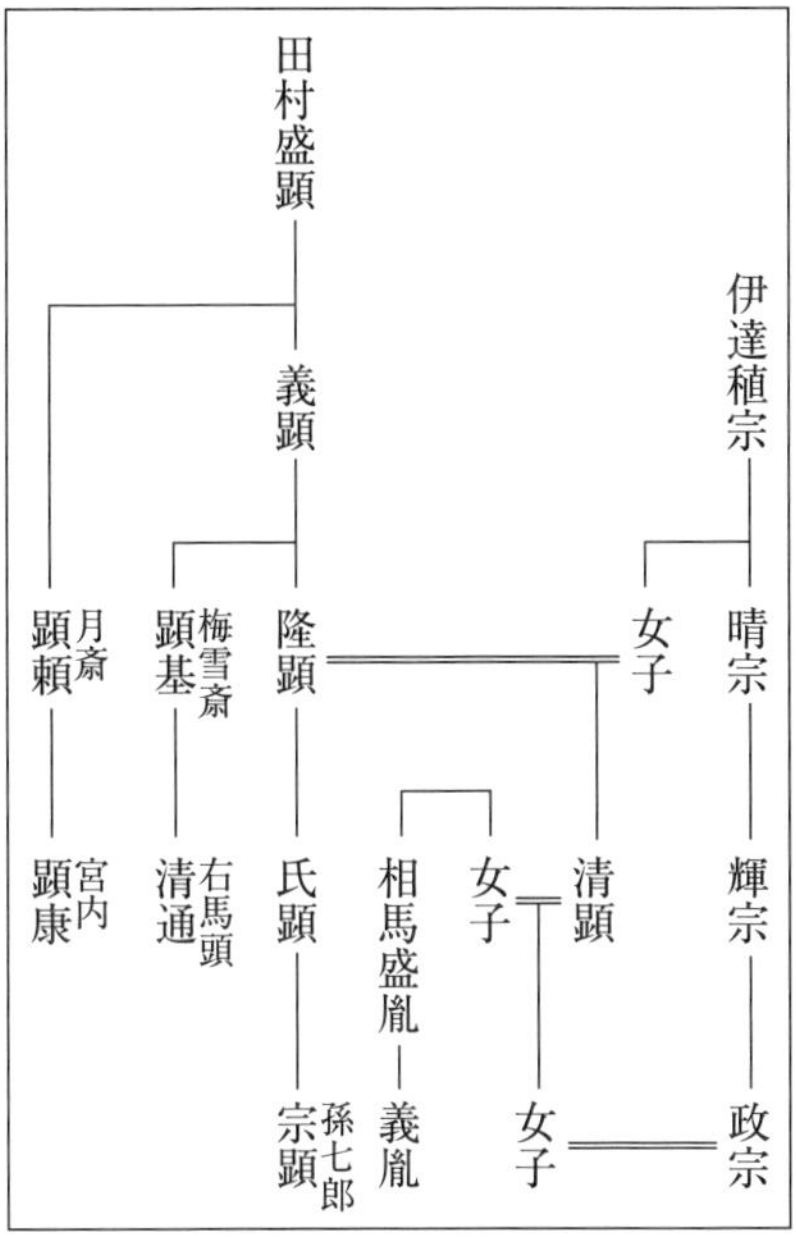

田村氏略系図

東安達での政宗と義胤の抗争は膠着状態となり、五月二十六日に政宗はいったん信夫郡の大森に戻る。この政宗不在の戦線を衝いて、閏五月十二日に義胤は三春城への強行入城を企てる。義胤の三春強行入城に

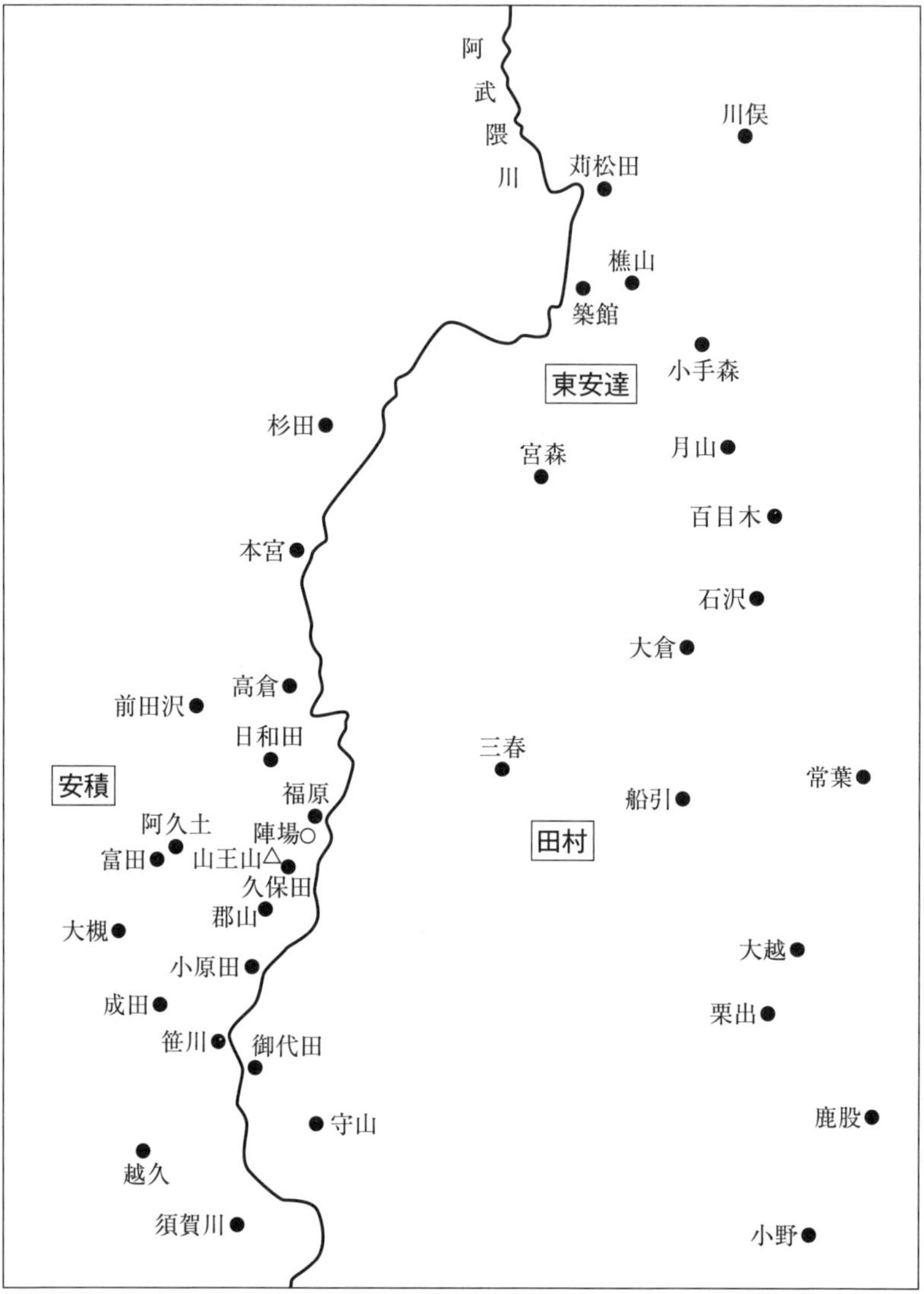

図１　東安達・田村領・安積郡周辺図

図２　三春城略図
（三春町教育委員会作成図 2004 に加筆）

は、清顕後室相馬氏と田村家中の大越顕光が協力した。この一件に注目した伊藤正義氏は、三春城を田村領の「当知行権のシンボル」と評価する（伊藤一九九五）。すなわち、三春城を掌握することによって、義胤は田村領への影響力を一挙に拡大しようとしたと考えられる。この強引な企ては、田村家中の支持を得ることができずに失敗する。対立的な関係にあったとされる田村月斎と田村梅雪斎ですら、共闘して義胤を退けた（坂本武雄氏所蔵文書『仙台市史』資料編10伊達政宗文書1〔以下『仙台』〕二七五）。

このような義胤の攻勢を受け、大森に帰陣していた政宗は、三春強行入城失敗の翌日には大森を出て東安達の宮森に着陣する。その後、数日のうちに相馬方の諸城は落ち、義胤は船引城から本拠の小高へと退く。この一連の軍事行動には、政宗の機動性の高さが現れている。東安達の相馬方は壊滅したが、政宗は米沢へは納馬せず宮森に在馬し、義胤の三春強行入城に協力した大越顕光を攻撃する。閏五月三十日、政宗在馬中の宮森城に「御やぐら」が建てられる（「天正日記」）。「御」の字を冠しているように、この櫓は政宗に帰属する存在である。櫓の建設には、この一件が解決するまでは、宮森城が政宗の拠点であることを示す象徴的な意味が込められていたと考えられる。政宗は清顕の「筋目」が自身にあると認識しており（坂本武雄氏所蔵文書『仙台』二七五）、田村領の安定的な確保を目指すための拠点として、宮森に在馬したのである。

義胤に協力した清顕後室相馬氏は、「相馬殿三春ヲ乗取リ玉ハント謀レシ事ハ畢竟本城ニ後室御座シテ内々仰合サル故ナリ」（「貞山」）とあるように、三春城の「本城」に居住していた。この「本城」は、諸史料にみられる「実城」と同義であろう。城郭用語の主郭に相当し、図2の「本城」と注記した場所に該当すると思われる。政宗は、三春城「本城」から清顕後室相馬氏を排除する必要があると考えたであろう。

二　郡山合戦

天正十六年（一五八八）閏五月五日以前、相馬義胤は佐竹義重・蘆名義広・岩城常隆等に仙道への出馬を要請し（瀬谷文書『白河市史』五、二―I―九九一）、伊達政宗の挟撃を目論む。政宗と対立的な関係にあった佐竹義重と蘆名義広はこの要請に応じ、義広は同十一日、義重は同二十三日に出馬する（瀬谷文書・楓軒文書纂『白河市史』五、二―I―九九一・九九二）。その結果、郡山合戦が起こる。よって、田村領をめぐる政宗と義胤との競合こそが、この時点においては第一義的な対立軸であり、郡山合戦はそこから派生した合戦としてまずは把握できる。のちに義重と義広があっさりと納馬したのは、それも理由の一つであろう。

同じく出馬を要請された岩城常隆は、自身は出馬せずに軍勢のみの派遣にとどめた。政宗は、この点を常隆に対して感謝している（永山祐三氏所蔵文書『市史せんだい』二六、伊達政宗文書・補遺十―補二一八）。高橋充氏が指摘するように、同じく敵対的な軍事行動であったとしても、大名自身の出馬の有無によって、意味の異なっていたことがわかる（高橋二〇一八）。

六月十一日、佐竹・蘆名連合軍は伊達方の郡山城を攻囲する。その救援のため、政宗は同日に宮森から出馬し、連合軍と対峙する。結果的には、両軍のあいだで大規模な決戦が起こることはなかったが、合戦に至るまでの経過は、伊達方の郡山城をめぐる後詰合戦のパターンとして把握できる。伊達方の前線拠点であった久保田城北西の山王山周辺が当初は焦点となったが、政宗重臣の伊達成実が山王山を陣所として防御を固めたため、久保田城と郡山城とのあいだの地点へと焦点が移る。両陣営ともに既存の城の改修や新規築城を行い、対陣は長期化する。政宗の本陣は、当初は本宮にあり、六月十六日には郡山・久保田の北方に近接する福原の付近に移る（「貞山」）。現在そこには「陣場」の地名が残る。佐竹義重の本陣は郡山の南方に近接する小原田かその周辺、蘆名義広の本陣は郡山城を望む西の高台にあったと思われる。七月四日には対陣中で最も激しい戦闘が久保田城と郡山城とのあいだの地点であり、伊達家中の伊藤肥前重信が戦死する。

対陣と並行して講和への動きがあり、七月十六日に、岩城常隆・石川昭光の仲介によって講和が成立する。同日、政宗と義重は使者を介して「御神水」を交換し（「天正日記」）、二十一日には両軍が陣払いする。講和の合意事項は、①郡山は岩城常隆・石川昭光の受取後に伊達方とする、②前田沢・日和田は伊達方とする、③富田・成田は蘆名方とする、④岩城氏の依頼で相馬義胤が講和に参加する、⑤大越顕光を岩城方へ渡した後に伊達方が処置する、という五点であった（亘理家文書『仙台』三〇〇）。講和の条件として④・⑤のあげられている点に、郡山合戦の契機が田村領をめぐる政宗と義胤との争いであったことが端的に示されている。

講和の成立後、佐竹義重と蘆名義広はそれぞれ常陸太田と会津黒川に納馬したが、政宗は米沢へは納馬せず、宮森での在馬を続けた。政宗の目標は田村領の安定的な確保であり、そのためには「田むらのしおき」が必要であったからである（亘理家文書『仙台』三〇〇）。

三　田村仕置

伊達政宗が三春へ入城する以前の八月三日、清顕後室相馬氏の船引への「隠居」と、田村宗顕の田村「名代」が実現した（「貞山」）。政宗の三春入城に先立って、これらの必要とされたことがうかがえる。

まず問題となるのは、「隠居」以前の清顕後室相馬氏の立場である。三春城「本城」に居住していた彼女は、田村氏の当主に相当するような存在であったと評価するのが自然である。その彼女と入れ替わるようにして、宗顕は「本城」に入って「名代」となった。となれば、次に問題となるのは、宗顕「名代」の意味である。七月二十三日、田村月斎・田村梅雪斎・田村右衛門・橋本刑部が政宗に対し、「公(政宗)御子誕生マテハ田村ノ名代ニ誰ソ被仰付然ルヘシト言上」する(「貞山」)。これ以前に「名代」は不在だが、これ以後の政宗子の誕生までは、「名代」が必要とされたことになる。すなわち、清顕後室相馬氏の「隠居」から政宗子の誕生までのあいだ、清顕後室相馬氏のような、田村氏当主に相当する立場の人物が別に存在し、宗顕はその「名代」であったと想定できる。

政宗は、八月五日から九月十七日まで三春城に滞在し、田村仕置を行った。その間、政宗の周辺では挨拶・祝儀・贈答・酒宴・御相伴が連続し(「天正日記」)、これらは田村家中の政宗への服属儀礼と評価されている(伊藤一九九五)。その一連の儀礼のなかで、政宗は「御ひかし」へたびたび挨拶している。しかも、三春在城中の最初と最後に行われた挨拶が、「御ひかし」に対するものであった。政宗にとって、「御ひかし」が特別な存在であったことがわかる。「御ひかし」とは、清顕の母にあたる隆顕後室伊達氏のことで、三春城の「東館」と通称される場所に居住していたと考えられる。

隆顕後室伊達氏は伊達稙宗の娘で、政宗にとっては大叔母にあたる。清顕後室相馬氏に代わる存在として、隆顕後室伊達氏が位置付けられ、宗顕は彼女の「名代」とされたのではないだろうか。隆顕後室伊達氏が「本城」へ移らなかったのは、既にかなりの高齢になっていたと予想でき、転居を望まなかったからだと想像する。それゆえに、彼女の「名代」として、宗顕が「本城」に入ったのであろう。

そこで一つ疑問となるのは、宗顕はなぜ田村氏の当主とならなかったのか、という点である。彼の父親である氏顕は、隆顕の子で清顕とは兄弟である。宗顕は清顕の甥であり、血統の上では問題なさそうである。注目したいのは、氏顕の経歴である。氏顕の「氏」の字には、世代的に蘆名盛氏との関連が予想できるからである。天文二十年（一五五一）、安積郡をめぐって抗争していた田村隆顕と蘆名盛氏が講和した際、その条件のなかに、隆顕の「息」「若子」に安積郡伊藤氏の「名跡」を継承させること、ただしその「名代」は蘆名氏が「仕居」こと、という項目があった（白河証古文書『白河市史』五、二―I―七九四・七九五）。「若子」の表現から、この人物はこの時点で幼少であったことがわかる。隆顕の子は、安積郡伊藤氏の「名跡」を継承したものの、まだ幼少であったこともあり、蘆名氏によって「名代」が立てられた、ということであろう。隆顕の子と蘆名盛氏との接点が確認できる。氏顕の「氏」が盛氏からの一字授与であれば、氏顕はこの「息」「若子」の後身である可能性がある。となれば、田村宗家を出て他氏を継承した経歴をもつ氏顕の子が、田村氏の当主となることへの抵抗感が存在したのではないかと予想できる。この点については、田村月斎・梅雪斎等が田村宗家の出身であることにも留意する必要があろう。確証を提示することはできないものの、このような宗顕の出自が、田村氏当主としては不適当と認識され、清顕後の田村氏当主になれなかったのではないだろうか。

さて、八月十日と二十七日の二度、政宗は三春城の「要害」を視察する（「天正日記」）。この「要害」とは、三春城における防御上の要所を意味すると思われ、そこを視察することによって、三春城が政宗に帰属することを、田村家中に認識させたのではないかと推測できる。また、八月六日から十日まで、田村領内にある石沢城を破却するための代官が派遣された。石沢城を破却することによって、田村領内にある城は、政宗の意思によって存廃できることを示したのではないだろうか。石沢城は、東安達の田村領をめぐって政宗と相馬義胤が争った際に相馬方の城として運用され、月山城・百目木城とともに閏五月十八日に自落している。このような石沢城の履歴も考慮されたであろうが、破却対象への同城の選択には積極的な意味は小さく、見せしめ的な存在として利用された側面が大きいのではないだろうか。三春城をはじめとする田村領内の諸城は、田村仕置によって政宗に帰属することが宣言されたのである。

おわりに

天正十六年（一五八八）五月十五日の出馬から九月十八日の納馬までの五ヵ月に及ぶあいだ、伊達政宗の行動の目標は一貫して田村領にあった。その背景には、清顕の「筋目」は自身にあるとの強い認識があった。正当性・大義名分が存在するゆえに、目的達成まで戦い続けたのである。以前指摘したように、この間の政宗の行動を一連の事象として把握する必要がある（垣内二〇一三・二〇一七）。そこで、個々の合戦などに代表される一連の事象を統合する上位概念を設定し、「天正十六年田村戦争」と呼称することを提唱したい。

隆顕後室伊達氏の「名代」に田村宗顕が立てられたことからうかがえるように、隆顕後室伊達氏は、田村氏当主に相当する存在と認識されていたとみられる。正式な男性当主が不在の際、前当主の正室などが大きな影響力を行使するのは、古今を問わず多く認められる現象である。本稿でみた清顕後室相馬氏や隆顕後室伊達氏ばかりでなく、二階堂盛義後室伊達氏や蘆名盛隆後室伊達氏・岩城親隆室佐竹氏など、南奥に限っただけでも類例は少なくない。男性当主不在時における女性の役割を考えさせられる。

清顕後室相馬氏は三春城「本城」に居住した。その地位を継承したとみられる隆顕後室伊達氏は、「本城」に移動することなく「東館」に居住し続けたが、彼女の「名代」として田村宗顕が「本城」に入った。三春城「本城」への居住が、田村氏当主としての立場を象徴的に示しているからであろう。相馬義胤の三春強行入城も、この「本城」の占拠を目指した行動であった。領国における大名の本城、特にその中心である「本城」＝「実城」＝主郭の象徴的な属性がうかがえる。

参考文献

伊藤正義　一九九五「天正十六年・政宗の四十日」中世の風景を読む第一巻『蝦夷の世界と北方交易』新人物往来社
垣内和孝　二〇一三「郡山合戦の顛末」郡山まちなか文化遺産保存・活用検討委員会監修『こおりやまノート』郡山駅前大通商店街振興組合
――　二〇一七「郡山合戦にみる伊達政宗の境目認識」垣内『伊達政宗と南奥の戦国時代』吉川弘文館（初出二〇〇九）
高橋　充　二〇一八「郡山陣中からの伊達政宗書状」福島県中世史研究会編・発行『南奥中世史への挑戦』
三春町教育委員会　二〇〇四『三春城跡Ⅳ』

相馬攻めから蘆名攻めへ

高橋　充

はじめに

伊達政宗が南奥羽を制覇してゆく過程のなかで、特に天正十七年（一五八九）上半期の時点で、乗り越えようとしていたもの、立ち向かおうとしていた課題は何だったのか、という視点から本章では考えてみたい。このような考察が可能になるのは、この時期について、側近が記した「伊達天正日記」（以下「天正日記」）が残されており、また『仙台市史』資料編10　伊達政宗文書1（以下『仙台』）に発給文書が網羅的に集成されているため、政宗の日々の行動や考えていたことなどが詳しくわかるからである。

なお、これらの史料から読み取れる政宗の動向の要点は、【参考】として本稿の末尾に表にまとめて掲載した。

一　天正十七年上半期、政宗が大勝した二つの戦い

まず、この時期に政宗が展開した二つの戦いと、その対戦相手についてみてゆこう。

1　相馬攻め

一つ目の戦いは、天正十七年(一五八九)五月中旬の相馬氏との合戦である。伊達氏と相馬氏との抗争は、すでに天正四年から、政宗の父である輝宗と相馬盛胤との間で始まっている。相馬領に属した伊具郡をめぐる対立が断続的に続き、伊達側では輝宗から政宗へ、相馬側では盛胤の子である義胤(一五四八〜一六三五)へと引き継がれていった。政宗が父に従って初陣を果たしたのは、相馬攻めの時である。天正十二年五月に一度は和睦したものの、天正十六年には田村領をめぐって政宗と義胤が再び対立するようになる。義胤の三春入城は失敗し、かわって政宗が三春城で田村仕置を行うことになった(本書垣内論文)。その後も、田村領の東部をめぐって対立が続いていた。

天正十七年五月の戦いは、田村領から離れた相馬領の北側、宇多郡の駒ヶ嶺城・蓑頸城(福島県新地町)をめぐって展開された。政宗の率いる軍勢は、伊達郡・伊具郡を経由して相馬領の宇多郡に進軍する。五月十八日、大森城(福島市)から出陣した政宗の軍勢は、梁川を経由し、丸森城の亘理父子に迎えられて伊具郡の金山城に入った。そして翌十九日に駒ヶ嶺城への攻撃を開始し、亘理氏が二ノ郭を奪い、城主が助命嘆願して城は落ちた。二十日には蓑頸城(新地城)を包囲して鉄砲で攻撃し、翌二十一日、蓑頸城の主郭(要害)を破った。切り捨て・生け捕りが多数ある大勝利であった。

「宇多庄(郡)へ、このように進攻できたのは稙宗以来四十五年ぶりだといって帰ろうと片倉以休斎(片倉小十郎の伯父)たちと話したところだ」と、政宗は二十一日付の白石宗実宛の書状に書いている(『仙台』四三二)。曽祖父以来の宿願を果たした感慨といったところだろうか。二十三日には、浜から沖へ出て舟遊び、浜辺で祝宴を催し、乱舞に興じている。

2　蘆名攻め

これに続く二つ目の戦いは、六月初めの会津の蘆名氏との合戦である。蘆名氏の当主義広（一五七五〜一六三一）は、常陸の佐竹義重の二男で、はじめ白川氏の家督を嗣いでいたが、天正十四年（一五八六）十一月に夭折した亀若丸の跡をうけて、翌年三月に蘆名氏の家督を相続した。政宗よりは八歳年下である。義広の家督相続に象徴されるように、この時期の蘆名氏は、完全に佐竹氏の傘下に入っていた。

このような状況の中で、蘆名方であった猪苗代氏が伊達方に内応したことが合戦のきっかけとなった。相馬攻めの大勝の余韻の残る五月二十三日に、安積郡の大内定綱から会津内通の情報が入り、翌二十四日に政宗は帰陣を決定し、二十五日に金山、二十六日に大森へ到着した。六月一日に、猪苗代氏が離反して伊達方につくとの確かな情報が入り、政宗は二日に本宮・安子ヶ島に陣を進めた。猪苗代氏は子息を人質として差し出してきた。四日の夕方に猪苗代へ進陣し、五日に政宗の軍勢と義広の率いる軍勢が、磐梯山麓の耶麻郡摺上《すりあげ》付近で衝突した（摺上合戦）。合戦の経過は、伊達方が次第に優勢となり、会津盆地へ進攻。六日に大寺、七日に三橋、そして十一日に黒川城へ入城することになった。義広は常陸の佐竹氏のもとへ逃亡し、この戦いも、政宗の大勝利となった。

二　二つの戦いの背景―政宗が挑戦しなければならなかったもの―

二つの合戦、特に蘆名氏を攻め滅ぼした摺上合戦の名は、よく知られており、これまでも研究が重ねられてきた（松岡二〇〇四、高橋明二〇一〇、北塩原村教育委員会二〇一五）。この時期に政宗が対峙しなければならなかった相手とは、相馬義胤であり、蘆名義広であり、この両者との戦いに挑んだ結果、いずれも大勝利を収めたと、ひとまず説明することはできる。

しかし、この二つの合戦の勝利は、政宗にとって容易なものだったのだろうか。豊富な史料を、もう一度読み直しながら、政宗の立場に戻って考えてみたい。さらに、政宗が立ち向かおうとしていた課題は、相馬と会津の攻略だけだったのだろうか。ここでは、南奥羽の情勢が複雑な様相を呈し、刻々と変化してゆく状況にあったことを前提に、もう一歩踏み込んで「政宗が挑戦しなければならなかったもの」に迫ってみたい。

1　怪我の痛み

まず、ひとりの人間としての政宗の姿に注目したい。政宗は、この年二十三歳になっていた。正月二十四日付の書状に「折節少病気之間、文言其外可ㇾ為二不調法一候、則火中」（『仙台』三六八）と書いており、書状を書くのに支障が出るような何らかの病気を抱えていたことが知られる。もちろん闘病というほど大げさなものではなかろうが、健康で頑強な身体というわけでもなかったようである。

そして、「天正日記」によると、二月二十六日に米沢で落馬して怪我をしている。「折節つようち申候ところニはねされ候、少御あやまちさせられ候」とあるように、騎乗中に馬を強く打ったところ跳ね上がり、少々怪我をしたと書かれているが、負傷はかなり長引いたようで、およそ一ケ月を経た三月二十七日からは小野川温泉（米沢市）で湯治療養するほどになっていた。

実は、この怪我の影響で、この年の三月以後のスケジュールは大幅に変更されている。三月九日付の片平親綱宛の書状によると、当初三月二日を予定していた安積攻めが、不慮の事態によって延期せざるをえなくなったと伝えている。そして、湯治を済ませた四月四日付の書状には「一あさかへ出馬の事、今月十七・八日比たるへく候、少のひ候事は、かのいたみゆへにて候」（『仙台』四〇一）とあり、ようやく出陣の目途が立ったが、ここまで延期された理由は、怪我の痛みであったことが、はっきりと記されている。安積攻めの意義については後述するが、相馬攻め・蘆名攻めの前提となる戦いであり、この最初のステップのところで、政宗は大きなアクシデントに見舞われてしまっていたのである。

実際には、四月二十二日に米沢を出陣することになるが、実は怪我の痛みを乗り越えて、決意の出馬だったのである。ちなみに、政宗の遺骨を埋葬する瑞鳳殿の発掘調査の報告書によると、政宗の遺骨の左足腓骨に骨折の痕跡があるという（伊東一九七九）。断定することはできないが、整復されないまま治癒したと診断される痕跡は、この時の怪我によるものである可能性が指摘されている（垣内二〇一七）。

2　軍事・政治面の課題

新たに見えてきた安積攻めを含めて、この時点で政宗が直面していた軍事・政治面の課題について、さらに視野を広げて、整理してみたい。なお、出羽や中奥方面の課題も当然あるが、ここでは南奥羽に限定している。

【田村郡の確保】

前年（天正十六年〔一五八八〕）に政宗は田村郡へ進み、田村領の中核である三春城を掌握して、大きな成果を挙げた（本書垣内論文）。

ただし、田村郡の東部、小野・大越両氏は、いまだ伊達方に服属せず、独自の行動をとっていた。天正十七年正月朔日付の書状に書かれているように、小野・大越両氏が田村氏から離反し、岩城氏に通じたとの情報を政宗は得ている(『仙台』三五九他)。両氏の背後には、政宗と敵対する相馬義胤とともに、岩城常隆の存在があったのである。この田村郡東部の掌握が、政宗が残していた課題のひとつであったと考えられる。

四月になると、常隆が小野・大越両氏と連携して田村郡東部へ進軍した(四月十六日・二十日)。この方面には、政宗は自身で出陣することはせず、片倉小十郎の率いる軍勢を派遣して対応に当たった。

常隆は、前年の郡山合戦において自身は参戦せず、講和の仲介の役割を果たしていた。前年に仲介者であった常隆が起こした軍事行動に対して、政宗は次のような非難の言葉を書状に書いている。「去年中、想《(惣)》和被レ介レ法、当時弓矢主ニ有レ之事、前代未聞候、如レ此之上、何共無レ拠候条、廿四日可レ令二出馬一候、于レ今過無レ揑候得共、是非共大森訖打出」(『仙台』四〇四)。この時に自身が出馬しなかったのは、もちろん怪我という事情もあったが、政宗なりの筋の通し方であったのかもしれない。なお、この時に政宗によって非難された常隆の行動は、南奥羽における「中人秩序」(山田二〇〇九)、あるいは「南奥惣無事体制」(阿部二〇一五)の終焉と捉える見解もある。

【安積郡の確保】

田村郡に隣接する安積郡の確保も、ひときわ重要な課題になっていた。前年の郡山合戦の講和の結果、郡山・前田沢・日和田など一部が伊達領となったものの、会津方面に接続する郡西部は蘆名方の勢力下に置かれていた。

そのような状況のなかで安積郡を本拠とする片平親綱が、弟の大内定綱を介して伊達方に内応することを告げてきた。二月二十五日、政宗は親綱に富田・只野等の地を与え、定綱に「安子島之地」を与えることを、それぞれ約束した。敵方からの内応・服属をきっかけに出陣するのは、当時の戦い方のひとつのパターンといってよい。まさに好機到来と思われた時に、例の落馬事故が起き(二月二十六日)、出陣は延期されることになってしまったのである。親綱とは起請文を交わし、佐竹・蘆名からの計略に応じないことを伝えながら、怪我を治して出陣できる機会を政宗は待った。

四月二十二日に米沢を出発した政宗は、数日をかけて大森城から本宮城へ進み、五月四日に安子ヶ島城を攻略し、さらに五日に高玉城を攻略する戦果を挙げた後、七日に大森城へ帰還した。安積郡は、蘆名氏や相馬氏など数郡を治める規模の領主がおらず、中小領主が群立する状況にあった。はっきりと顔の見える大きな相手はいないものの、安積攻めは政宗の大きな目標のひとつであった。その理由のひとつは、次に述べるように会津への攻撃の通路の確保という点であったのではなかろうか。

【会津の蘆名義広】

政宗にとって目の前の課題が、田村郡・安積郡の掌握であるとすれば、その先の課題として想定されていたのが、会津攻めであった。

政宗は、家督を相続した直後に、すでに会津の蘆名氏を攻めていた（本書高橋明論文）。この時には、桧原方面から攻勢を仕掛け、桧原口に拠点となる城郭（桧原城）を築いて一定の戦果を挙げたが、蘆名氏の本拠を攻略するまでには至らなかった。会津攻略のためには、もうひとつの攻め口（猪苗代方面）からのアプローチが必須であり、そのためには安積郡・田村郡など中通り（仙道）の掌握が必要であった。三月二十六日付の片平親綱宛の書状には、次のように書かれている。「今般之義者、仙道口過半可レ属二手裏一候条、猪苗之事も慥可レ為二同心一候」（『仙台』三九九）。仙道口を掌握したので、猪苗代氏が内応するのも時間の問題だというのである。猪苗代氏の内通の情報に接したのは相馬攻めの陣中であったが（五月二十三日）、政宗は一転して会津攻めに向かうことになる。その結末が摺上合戦となったのである。

【浜通りの相馬義胤】

政宗が初陣を果たした伊具郡をめぐる相馬氏との抗争は、家督を相続する直前に和睦が成立していたが、田村清顕死去後の田村家・田村領をめぐる義胤との対立は、すでに前年から顕然化していた（本書垣内論文）。政宗にとって、義胤は二十歳年上の、乗り越えねばならない存在であった。

ただし、天正十七年上半期の時点で考えれば、田村郡・安積郡への攻勢が喫緊の課題であり、相馬領への侵攻の優先順位は必ずしも高くはなかった。

前年十二月に伊具郡に拠点を置く中島宗求に宛てた書状のなかで政宗は、攻撃すれば、駒ヶ嶺・蓑頸城の攻略に時間はかからないと記している（『仙台』三五四）。相馬領のなかで宇多郡内の二城の攻略は、ある程度想定されていたといえる。

そのような状況のなかで、このタイミングで相馬攻めが行われた理由について、五月十七日付の書状で、政宗は次のように書いている。「彼口（宇多口）へ馬をまはし候とても、別而てきいの事はあるましく候へ共、先々敵之かたの覚ニ候間、如レ此候」（『仙台』四二九）。文意が読み取りづらいところもあるが、宇多郡への攻撃は、強い敵意（攻撃の意志）があったわけではなく、「敵之かたの覚」すなわち敵方の意識を引きつけられればよいと考えていたように読み取れる。田村郡・安積郡とその先にある会津攻めを目指しながらも、その相手の意識を北の相馬領に向けさせることが政宗の意図であったという見解である（高橋明二〇一〇）。実際に、会津攻めの際に、蘆名方が頼りにしていた佐竹・岩城、あるいは相馬の援軍の動きが、かなり緩慢であったことも指摘されている（松岡二〇〇四）。

五月に安子ヶ島城・高玉城を攻略した後、すぐさま会津へ侵攻しなかったのは、猪苗代氏の内応のタイミングを待っていたためであろうが、その間に相馬領へ攻勢をかけた意図としては、以上のようなことが考えられる。

【佐竹義重・義宣】

ここまで、政宗にとっての軍事的・政治的課題という視点から考えてきたが、最後に挙げなければならない相手は、常陸の佐竹義重・義宣であろう。いまだ直接的な対決はないものの、南進する政宗が直面する敵方を常に背後から支援しているのが佐竹氏であるという認識を政宗はもっていたように思う。「天正日記」にも、佐竹氏の動静を刻々と伝える記事が増えてくる（本書佐々木論文）。南奥羽という地域を越えた相手にも挑戦しなければならなくなりつつあったということも、この時期の政宗が置かれていた状況の特色のひとつであったといえるのではなかろうか。

参考文献

阿部浩一　二〇一五「戦国期南奥の政治秩序」『東北史を開く』山川出版社

伊東信雄編　一九七九『瑞鳳殿　伊達政宗の墓とその遺品』瑞鳳殿再建期成会

遠藤ゆり子編　二〇一六『東北の中世史4　伊達氏と戦国争乱』吉川弘文館

垣内和孝　二〇一〇「服属の作法」『郡山地方史研究』四〇

――　二〇一五「天正期の伊達・相馬境目」齋藤慎一編『城館と中世史料』高志書院

――　二〇一七『伊達政宗と南奥の戦国時代』吉川弘文館

北塩原村教育委員会　二〇一五『会津戦国時代の終焉　伊達政宗の会津侵攻』

仙台市博物館　二〇一七　特別展図録『伊達政宗―生誕450年記念』

高橋　明　二〇一〇「伊達政宗の会津侵攻―関柴合戦から摺上合戦までの顚末」『会津若松市史研究』一一

松岡　進　二〇〇四「城館跡研究からみた戦争と戦場―磨上原合戦を事例として―」小林一岳・則竹雄一編『【もの】から見る日本史　戦争Ⅰ』青木書店

山田将之　二〇〇九「中人制における「戦国の作法」」『戦国史研究』五七

【参考】天正17年上半期の政宗の動向

日付	内容	出典
1月1日	小野・大越氏が田村氏から離反し、岩城氏に通じるとの情報。	②三五九他
2月23日	黒川晴氏と起請文を交わす。	②三八一
2月25日	大内定綱を介して内応した片平親綱に富田・只野等の地を与える。 内応者のことを告げてきた定綱に「安子島之地」を与えることを約束。	②三八二 ②三八三
2月26日	米沢で落馬して怪我。家臣たちの見舞いが始まる。	①
3月2日	刈田・柴田・西根・東根の諸郡へ陣触れ。	①
3月4日	片平親綱と起請文を交わす。	②三八五
3月9日	片平親綱に2日の出陣を不慮の事態で延期したことを伝える。	②三九〇
3月24日	関白秀吉より使者到着。御所望の御目赤鶴取鷹を贈る。	①
3月26日	片平親綱に、佐竹・蘆名の計略に応じないこと、猪苗代氏もいずれ伊達方につくこと、佐竹・蘆名に攻められた時は必ず救援することなどを伝える。	②三九九
3月27日	小野川温泉で湯治療養(4月1日まで)。	①
4月3日	出陣の支度を始める。	①
4月4日	今月17、18日頃に安積郡へ出陣することを鬼庭綱元に伝える。	②四〇一
4月16日	岩城常隆が小野方面へ出陣との田村氏からの情報。前年に仲介者だった常隆が和睦を破ったことを非難。安積方面進攻のため24日に大森出陣を伝える。	②四〇三他
4月18日	伊具郡金山城の中島宗求に相馬戦線の自重を指示し、大崎氏・氏家氏との和睦が調ったことを伝える。	②四〇六

4月20日	鹿股へ岩城常隆進陣の情報。鹿股城へ援軍を送るが間に合わず落城。大森への出陣の日程を早める。	①②四〇八他
4月21日	伊具郡金山城の中島宗求へ、岩城常隆の軍事行動を相馬義胤は見逃すはずはないので領境の守備を強化するように命じる。	②四一二
4月22日	出陣、板屋に宿泊。	①
4月23日	大森へ着陣。	①
4月24日	片平親綱が離反して伊達方につく。	②四一三
4月26日	片平親綱が高玉・安子ヶ島へ「草」を出すとの情報。最上義光へ援軍を要請。	①②四一四
5月1日	飯樋方面で相馬方との戦闘の情報。	②四一八他
5月3日	本宮へ進陣。	②四一九
5月4日	安子ヶ島城を攻略。	②四二四
5月5日	高玉城を攻略。	②四二〇
5月7日	大森へ帰陣。	②四二一
5月8日	駒ヶ嶺・新地方面への出陣を極秘の軍事行動として中島宗求に伝える。	②四二一
5月9日	蘆名義広出陣の情報。	②四二二
5月16日	佐竹義重の出陣を予測し、金山方面への出陣を鬼庭綱元に伝える。	②四二八
5月17日	宇多郡への攻撃は「敵之かたの覚」であると鬼庭綱元に伝える。	②四二九
5月18日	金山へ出馬。丸森まで亘理父子出迎え。	①

5月19日	駒ヶ嶺城を攻める。二ノ郭を亘理氏が奪い、城主は助命嘆願して落城。	①②四三〇
5月20日	蓑頸城を攻める。伊達勢が包囲し、鉄砲で攻撃。	①
5月21日	蓑頸城の主郭(要害)を破る。切り捨て・生け捕り多数。 宇多庄への進攻は、稙宗以来45年ぶりと感慨を白石宗実に伝える。	① ②四三一
5月22日	駒ヶ嶺・蓑頸城の普請を命じる。	①
5月23日	新地の浜で舟遊び、御乱舞(能)。安積の大内定綱より会津(猪苗代氏)内通の情報。 大内定綱より蘆名勢の帰陣、佐竹義重出陣難航の情報。攻勢を促す。	① ＊
5月24日	帰陣を決定。 駒ヶ嶺城には黒木宗元、蓑頸城には亘理重宗を配置。	① ②四三三他
5月25日	金山まで帰陣。川漁・鷹狩・風呂・御乱舞。	①
5月26日	大森まで帰陣。高子で日が落ち本内で暗くなる。	①
5月27日	鷹狩・囲碁。	①
5月28日	佐竹義重が滑津まで進陣と田村氏より報告。	①
5月29日	義重が接近と田村氏より報告。	①②四三七
5月晦日	杉目城の栽松院(晴宗後室)を訪問・面会。	①
6月1日	土湯方面へ宮城・深谷の鉄砲隊、桧原方面へ原田隊を派遣。 猪苗代氏が蘆名氏と離反して伊達方につくとの情報。	① ②四四一
6月2日	本宮へ陣を移す。猪苗代より若子を人質とした旨の連絡。 中山へ出陣し安子ヶ島へ帰る。	① ②四四三
6月3日	猪苗代若子が安子ヶ島へ。猪苗代盛国へ進物を贈る。 佐竹義宣父子、昨日須賀川へ進陣の情報。	① ②四四四

6月4日	猪苗代へ進陣（午後4時頃）。	①②四四五
6月5日	蘆名義広が軍勢を進めたため合戦（摺上合戦）。伊達勢が追撃して大勝。	①②四四五
6月6日	朝に大塩開城。大寺へ陣を進め、金川・三橋・塩川・慶徳開城。田村氏より佐竹義重は守山へ出陣との報告。	①
6月7日	三橋へ陣を進める。黒川近辺まで村押し。	①
6月8日	田村氏より佐竹義宣が大平へ進陣との報告。塩川の橋を猪苗代盛国がかける。	①
6月11日	蘆名義広が逃亡した黒川へ入城。	①②四五二
6月24日	佐竹義重、片平へ進陣の情報。	①

出典①「伊達天正日記」。
②『仙台市史』資料編10伊達政宗文書1。数字は文書番号。
＊5月23日付 大内廉也斎書状（伊達政宗記録事蹟考記『会津若松史』8）。

須賀川城の攻防と戦国の終焉

佐々木　倫朗

はじめに

天正十七年（一五八九）六月五日の摺上《すりあげ》合戦の敗北により、会津の蘆名氏が領主権力として崩壊すると、蘆名氏を破った伊達政宗が現在の福島県の会津地方や中通り地方に急速に勢力を拡大するのは、著名な事実である。そこで本稿では、その摺上合戦から翌年の天正十八年初頭の南奥の情勢と、政宗と対峙した佐竹・蘆名氏を中心とする南奥の領主層の結合とその分断・崩壊を考えていきたい。

一　摺上合戦以降の南奥情勢

伊達政宗の鬼庭綱元に宛てた天正十七年（一五八九）六月十一日付の書状（茂庭文書『仙台市史』資料編10　伊達政宗文書1〔以下『仙台』〕四五二）に、「南山方・富田・平田此方へ一味ニ付而、義広昨鳥（酉）之時分、行方不レ知被レ迯候、不二打留一之事無念候、今日十一黒川へ打入候」と記されているように、それまで蘆名氏に従っていた南山地方の領主たちや富田・平田氏等が伊達氏に服属したことによって、蘆名義広は、六月十日の酉の刻(午後六時頃)に会津黒川城(会津若松市)から逃亡して行方不明となり、翌十一日に政宗は黒川城に入った。この書状には、文言中に「無念」とあるように、義広を討ち漏らしたことを悔やむ政宗の本心が記されている。

鎌倉時代初頭に所領を得て以来、長く会津地方に支配を展開していた蘆名氏が六月五日のただ一戦の敗北によって脆くも滅亡してしまったことは、意外な感を抱く人も多いかもしれない。

たしかに蘆名氏は、戦いの約十年前の天正八年六月に止々斎盛氏が死去して以降、十二年十月に盛隆、十四年十一月に亀若丸(亀王丸)、十六年五月には盛隆室が死去するというように、続けて当主やその近親者を亡くし、求心力が低下していたことも滅亡の一因であると考えられる。

しかし、滅亡の原因としてより重視しなければならないことは、戦国期の領主権力が持つ権力構造上の問題にあるように思われる。戦国期の蘆名氏等の領主権力は、その内部に自ら住居として城や館を持つ一城の主を家臣としていた。家臣は、その城や館を中心に自らの家臣を率いて領地を経営・支配していたのである。そして、その領地は、蘆名氏から軍功等への恩賞として与えられた所領も含まれているが、少数の例外を除いて領地の大部分が自らの先祖伝来の領地である場合が大多数であった。そのため、家臣たちの大半が自らの行動の基準とするのは、先祖より受け継いできた領地の維持と発展であり、彼らは自らの領地支配の安定的な保証を最優先する存在であったのである。「忠臣、二君に見《まみ》えず」という観念は、儒教的な考え方であり、儒教が広く日本の社会に受け入れられるのは江戸時代以降であった。家臣の多くは儒教の観念に捉われることなく、自らが保持する権益を保証して発展させてくれる者を主人としたのであった。そのような家臣のなかで、多くの所領を持ち、その勢力や権力から一定の自立性を保持している者があり、現在は、そのような存在を国衆や戦国領主と呼ぶことが多い。

そして、そのような国衆等の存在とその向背は、領主権力の帰趨に大きな影響を与えた。たとえば武田氏は、天正十年に滅亡する直前まで、その領国は甲斐・駿河を中心に信濃・遠江・上野国の五か国に影響力を及ぼしていたが、織田信忠の軍勢の侵攻に対して、武田信玄の娘を妻とする信濃の国衆の木曽義昌が武田氏から離反すると、小笠原氏や穴山氏等も連鎖的に離反してしまい、その結果、武田氏は滅亡してしまっている。摺上合戦後に起きた蘆名氏の滅亡は、武田氏の滅亡と同様の国衆等の離反によって起きたものと考えられる。

そしてまた、蘆名氏の滅亡は、南奥における情勢を一変させるものでもあった。摺上合戦以前の情勢は、会津の蘆名氏と常陸から勢力を拡大して南奥に進出した佐竹氏の連合勢力が大きな影響力を持っていた。盛隆の家督継承以降に連携を深めた蘆名氏と佐竹氏は、盛隆・亀若丸の死後に佐竹義重の次男である義広を家督に迎えているように、緊密な連携を持っており、それに盛隆の実家である須賀川二階堂氏や白川氏・石川氏を含み込むように勢力圏を形成していた。蘆名氏の滅亡は、その連合勢力の一方の軸を失うことを意味した。そして、連合勢力は、それぞれの領主権を認める形で結ばれており、先に述べた蘆名氏のような単一の領主権力に比べて、より弱い結びつきによって結ばれていたため、蘆名氏の滅亡は、連合勢力に深刻な動揺を引き起こしたのであった。

蘆名氏の滅亡のわずか一月半後の七月二十六日には、白川義親は、従来の関係の継続を求める佐竹氏との表面的な関係を保ちながら伊達政宗と密約を結んでいる（同日付伊達政宗起請文『仙台』四七三・四七四・四七五）。そして、その内容のなかには石川氏との協調関係が強調されており、政宗の叔父にあたる石川昭光も、白川氏と同様に政宗と交渉を持っていたと想定することができる。

二　「佐御洞中御六ヶ敷候」とは、何か？

前述のように、摺上合戦の敗北によって蘆名氏は滅亡することになるのだが、戦いが発生する前段階の天正十七年（一五八九）五月二十三日付の大内定綱書状写（「伊達政宗記録事蹟考記」『郡山市史』8、四四七）に、次のような興味深い文言が記されている。

会衆之事不図入馬之由申来候、其上義重御出馬之儀於㆓会衆㆒佗言雖㆑被㆑申、佐御洞中御六ヶ敷候故不㆑被㆑成候、依㆑之義広を佐へ返可㆑申由衆中被㆑申、然間会筋雑言無㆓是非㆒由、

内容としては、会津の蘆名氏が近々出陣するとの情報が入ったが、蘆名氏が佐竹義重に出陣を要請したところ、佐竹氏の家中において「六ヶ敷」＝難しい問題があるため出陣しないことになり、蘆名義広を実家の佐竹氏に返すべきであると蘆名氏の家中で言う者があり、周辺では様々な噂が立っているということである。この史料の中で注目できることは、蘆名氏の本格的な支援の要請に対して佐竹氏が自らの家中の問題から出陣を断ったと記されていることである。

従来は、この出陣を回避する理由となった佐竹家中の問題は、常陸の国衆江戸氏と額田小野崎氏の対立を指すものと考えられてきた。両者の対立は、前年の天正十六年十二月に起きた江戸氏の内紛である神生の乱によって江戸氏を離脱した神生右衛門大夫を額田小野崎氏が保護したことから、翌十七年に江戸氏と小野崎氏の対立に発展したものであった。両者は、江戸氏が水戸城（茨城県水戸市）を、額田小野崎氏は額田城（茨城県那珂市）を本拠とするそれぞれ自立性の高い国衆であったため、佐竹氏はその対立の調停に手間取り、最終的に江戸氏を支援して小野崎氏を攻撃し、五

月に漸く対立を鎮定した。

この江戸氏と額田小野崎氏の対立と抗争が、佐竹義重の南奥への出陣を妨げたことは否定しがたいものと思われる。しかし、別の問題も存在したことを指摘できる。それは佐竹義重から義宣への家督の交代が天正十七年の二月下旬から三月上旬の段階で行われたことである。家督相続は、通常であれば周囲に積極的に披露されるべきことであると思われるが、奇妙なことに義宣への家督交代は十分に周知がされなかった。

そして、先の大内定綱の書状写のように様々なルートから情報を得ていた伊達政宗も、この時期の佐竹氏の動きを義重の動きとして捉えており、五月二十八日まで佐竹氏の出陣を義重を主にして文書上で表現している（同日付政宗書状『仙台』四三六）。表現が変化するのが六月三日付の書状で、「義信《（義宣）》父子昨日午刻須へ出馬」（同日付政宗書状『仙台』四四四）というように義宣を中心とした表現に変わっている。このため、政宗が義宣への家督交代を把握したのは五月末と考えることができる。このように政宗が、佐竹氏の家督相続の情報を把握していなかったのは、伊達氏が敵方であることを割り引いて考えても、蘆名氏等の佐竹氏と連携する勢力にも十分に周知が行われていなかった可能性を示している。

交代が十分に周知されなかった状況については別稿（佐々木二〇一六）で述べたため、ここでは詳述しないが、一つの要因として、佐竹氏の家臣和田昭為の起用をめぐる問題が存在していた。昭為は元亀二年（一五七一）に謀反の疑いをかけられて佐竹氏を追われ、のちに佐竹氏に帰参した人物であるが、その昭為を積極的に起用したい義宣と周囲の間で意向の対立があったものと思われる。そのため、必ずしも穏便に相続が行われたわけではなかったのである。

義宣の家督相続による佐竹氏の体制の変化について興味深いことは、石田三成が翌天正十八年に豊臣政権に対する対応の変化に不満の意向を表明している（天正十八年五月二十五日付 石田三成書状写　秋田藩家蔵文書四-三三『茨城県史料』中世編Ⅳ）ことである。家督を継いだ当主を中心に意思決定が行われる以上、交代によって意思決定を行う権力の構成員にも当然のように変化が生まれる。そのため、領主権力の家督相続は、当主を中心とする政権交代的な性格を持っていた。それに伴う外部への対応の変化が三成の不満に示されていると思われる。戦国期において家督相続の時期に多くの内紛が引き起こされたのは、家督相続が領主権力内部の政権交代的な性格を持っていたことによると思われる。

このように天正十七年上半期の佐竹氏は、江戸・額田小野崎氏の対立という国内の国衆の紛争を抱えるとともに、義重から義宣への家督相続期に当たっており、それに伴う特有の不安定な内情を抱えている状況が存在していたのであった。その状況を大内定綱がすべて把握していたとは考えられないが、漏れ伝わってくる情報を類推して「佐御洞中御六ヶ敷候」と表現したものと思われる。

勢力を拡大する小田原北条氏との対立という外患に直面しながら、常陸本国において内部に有力国衆の対立という問題と家督相続に伴う混乱という問題の二つの大きな内憂を抱える状況で、この時期の佐竹氏の動きに鈍いものがあったことは否めないと思われる。

そして、佐竹氏内外の状況から望み通りの支援が受けられていない状況のなかで、定綱の書状に記されている、蘆名氏内部において義広を実家に返すべきであるという意見があったことは重要である。前節でみたように、所領に代表される自らの権益を保証・拡大してくれることを主人に求めている家臣たちにとって、蘆名義広を当主とする現体制ではその保証・拡大が危うく、かつ義広の実家の佐竹氏の効果的な支援も望めないと判断しつつあることを窺うことができる状況であったのである。その意味で、蘆名氏の滅亡の予兆を、大内定綱の書状から読みとることができる。

三　須賀川城の攻防

天正十七年（一五八九）六月の摺上合戦によって蘆名氏が滅亡し、伊達政宗は会津地方を制圧した。会津黒川城に入った政宗の許に、六月八日に「北方《喜多方》之さふらい衆各々罷出御申候」、十五日に「平田殿はしめと申各々あいつさふらい衆被申候」と服属した旧蘆名氏配下の家臣たちが拝謁を求めてきたことが、「伊達天正日記」（以下「天正日記」）で確認できる。しかし、津川城（新潟県阿賀町）の金上盛実や伊北郷（只見町・金山町等）の山内氏勝等は、伊達氏への抵抗を続けており、蘆名氏に従っていた国衆や家臣の中には、伊達氏と佐竹氏を中心とする連合勢力の間で生き残りをかけて、その去就の定まらない者もいたのであった。

摺上合戦時に、佐竹氏の軍勢は郡山周辺に展開しており、六月八日に大平城を攻略したと考えられる（天正十七年六月八日付 佐竹義宣書状 浅川文書『福島県史』7（以下『福島』）六七－一）。そのため、郡山周辺には佐竹方の軍勢がおり、会津を制圧した伊達氏と向かい合う情勢にあった。その後も「天正日記」の六月二十七日条に「佐竹殿片平《郡山市片平》へ御動候」等とあるように、戦闘は継続されたが、蘆名氏の滅亡の影響による佐竹方に属する領主層の動揺もあって、徐々に佐竹方が劣勢となっていった。そして、「天正日記」八月十日条には、「御代田、さゝかハ《笹川》より義信《佐竹義宣》御にけ《逃げ》候よし、御いしん《音信》申上られ候」とあり、郡山市安積町笹川の陣を佐竹氏が放棄したことが記されている。伊達氏の優勢＝佐竹方の劣勢は明白なものとなった。

そして、三春城の田村氏と結んでいた政宗が会津地方を制圧、郡山周辺を掌握したことは、政宗と対立する連合勢力との戦いの最前線を、以前の郡山周辺から須賀川周辺にまで南下させた。須賀川城を本拠とする二階堂氏が、伊達氏との対決に直面することになった。

須賀川の二階堂氏は、鎌倉幕府に仕えた二階堂氏の系譜を引く領主で、蘆名義広の養父盛隆の実家にあたる。盛隆は、人質として蘆名氏の許にいた時期に蘆名盛氏の子盛興が父に先んじて亡くなった際に養子に入った。盛隆の母大乗院は、伊達晴宗の娘で伊達政宗の叔母にあたる。大乗院は、二階堂盛義の室となって盛隆を生み、天正九年八月に盛義が死去して以後は、婚家の二階堂氏にとどまって一族や家臣の補佐を受けながら当主を代行していた。

須賀川市長禄寺に所蔵される「二階堂藤原系図」（『福島県史』1）には、盛隆の弟行親・行栄の存在が記されている。しかし、行親は、天正十三年三月に十六歳で病死したと記され、行栄は須賀川落城時に九歳であると記されている。そのため、盛義死去以降は、当主とされる男系継承者がなく、大乗院がこれを代行していたと考えられる。

摺上合戦後の二階堂氏の内部情勢は、勢力を拡大した伊達氏に従おうとする保土原江南斎行藤・箭部下野守らと佐竹派の須田盛秀らが対立していた。蘆名盛隆が当主となって以降に蘆名氏と佐竹氏は緊密な同盟関係を築き、周囲に影響力を拡大した。常陸の佐竹氏が南奥における拠点を中通り南部の赤館城（棚倉町）に置いていたため、佐竹氏と会津の蘆名氏が連携を図るうえで須賀川は地理的に見てもその結節点にあたっている。盛隆の実家であることも含めて、二階堂氏には佐竹氏の影響力が強く及び、佐竹氏と結ぶ家臣たちも多かったものと思われる。

しかし、摺上合戦以降、伊達氏の勢力は拡大し、八月十六日には、元は蘆名氏に属していた長沼城（須賀川市）の新国貞通も伊達氏従属の意向を明らかにして、黒川城の政宗の許に出仕を遂げた（「天正日記」天正十七年八月十六日条）。新国の従属に示されるように、中通り地方の領主たちの伊達氏に従属する動きは強まっており、佐竹氏や岩城氏を主たる味方とする二階堂氏の須賀川城は、伊達氏の勢力が強まる中通り中部に大きく突出して孤立する勢力となってしまう。そのため、佐竹氏は、有力一族佐竹義久が自ら須賀川に在城するとの情報が伝えられる等（八月十九

日付 那須資晴書状　青山文書『福島』六九–五五）、伊達氏の中通り南下を阻止する動きをとっている。また、岩城氏からも支援が行われていた。

そのような佐竹方の動きの一方で、長沼城を勢力下においた伊達氏の勢力拡大は続き、九月中旬には、保土原行藤が内々に従属の意向を政宗に示した。政宗は、これに対して自筆の書状で返書を送っている（九月十二日付 政宗書状『仙台』四九四）。以後政宗は行藤を通じて、叔母二階堂後室大乗院の連絡を再三求めるようになる。

政宗としても、叔母にあたる大乗院を攻撃することを望んでいなかったことは、「後室御挨拶之義、即刻到来待入候」（十月廿二日付 政宗書状写『仙台』五二六）と、二階堂後室＝大乗院の連絡を待つ様子や、「後室不㆑可㆑有㆓信用㆒事、尤覚悟之前ニ候」（十月二十五日付　政宗書状『仙台』五三五）と述べながらも、須賀川城攻撃の当日まで交渉を続ける様子から明らかである。大乗院としては、子である蘆名盛隆が選択した佐竹方との協調路線を堅持したかったのではないかと考えられ、最終的に政宗の誘いを拒否したのであった。

このような伊達氏の二階堂氏への働きかけに対して、佐竹義宣も須田盛秀に長沼の充行を約束する（十月七日付 佐竹義宣書状写　秋田藩家蔵文書一七–六四『茨城県史料』中世編Ⅳ）等、二階堂氏家臣の親佐竹派の慰留に努めていたことがわかる。二階堂氏の家臣に対して、両勢力から懐柔がしきりに行われていたことが窺える。そして、須賀川城には佐竹・岩城氏からの支援の軍勢が入り、抗戦の構えを解かなかった。しかし、その間に二階堂氏の家臣のなかでは、前述の保土原行藤・箭部下野守の他に浜尾宗泰・守屋重清らが離反し、伊達氏に従う者が増加した。

政宗は、十月十二日段階で二十日の出陣を約束しており、実際に二十日に出陣した（十月十二日付 政宗書状『仙台』五一五、十月二十日付 政宗書状写『仙台』五二一）。そして、再三にわたって大乗院の様子を気遣いながら二十五日に須賀川城に攻撃を開始して、その日の間に城の西方を掌握して今泉（須賀川市）に陣した。そして、翌二十六日に城に迫った。攻防戦は激戦だったようで、迎撃してくる二階堂の軍勢を守屋氏等を先頭に打ち破って実城（本丸）までも攻め落とした。大乗院は伊達氏の者に保護されたが、岩城氏から支援に来ていた竹貫中務大輔・植田但馬や北郷氏等、佐竹氏から支援に来ていた武茂氏等は戦死した。保護された大乗院は、母である晴宗の妻栽松院が居住する杉目城（福島市）へ送られたと伝えられる（十月二十六日付 政宗書状『仙台』五三六・五三七、霜月六日付 政宗書状『仙台』五四一）。佐竹・岩城氏の戦死者からも、その激戦ぶりが想像できる。そして、須賀川城の陥落をもって須賀川二階堂氏は滅亡した。

佐竹氏を中心とする連合勢力にあって最後まで伊達氏に対抗した二階堂氏の滅亡は、蘆名氏の滅亡とともに決定的な意味を持った。伊達氏と対抗する姿勢を示していた両氏の滅亡によって、それまで連合勢力の傘下にとどまり、密かに伊達氏と連絡していた石川氏や白川氏が、十一月初旬にその去就を明らかにして伊達氏に従属した。白川氏は白河城（白河市）を、石川氏は三蘆城（古殿町）を拠点としており、両氏の従属は、中通り南部まで伊達氏の勢力が拡大したことを意味した。

そのため、伊達氏と佐竹氏の間の戦線は一気に南下して、十二月には佐竹氏の拠点である赤館城をめぐる攻防に焦点が移っていった。赤館城の北に位置する滑津城（中島村）の船尾昭直や、東北に位置する浅川城（浅川町）の浅川氏の従属問題がその前哨戦となり、小規模な戦闘が繰り返された。

浅川氏においては、当主二郎左衛門豊純の父大和守が伊達氏に従属の意向を十一月段階で示している（十一月十日付 政宗判物『仙台』五四四）のに対して、豊純はその去就をなかなか明らかにせず、十二月二十七日段階で漸く従属の意向を示した（十二月二十八日付 政宗起請文『仙台』五八五）。豊純が去就に迷った理由として、家中に佐竹氏と関係の深い者たちがおり、それらの者たちの意向も尊重せねばならず、また政宗は関係の深い者の追放を求めており（年月

日欠 政宗書状『仙台』五九三)、自らの家の存続とともに家中の処断の二者択一に悩んだことが考えられる。急速に拡大する政宗の勢力に直面した中小の領主の苦悩を窺うことができる。

浅川氏の処遇について指示する石川昭光宛の政宗書状のなかに、船尾氏に対する対応も記されている(年月日欠 政宗書状『仙台』五八八)。船尾昭直は、佐竹氏の勢力拡大とともに滑津城の城主となった人物であり、昭直自身が佐竹氏と深い関係を持っていた。そのため翌年初頭、政宗は船尾氏との交渉を断絶し、昭直は佐竹氏に従属し、赤館城に入った。赤館城をめぐる攻防は、北条氏と豊臣政権の間の戦いが始まった四月段階に至っても浅川・赤館間で戦闘が継続し、決着をみていなかった。そのため、その後の小田原合戦における政宗の豊臣政権への従属によって、攻防は終結することになった。

このように天正十八年初頭には、浅川氏の伊達氏帰属、船尾昭直の佐竹氏帰属という形で事態が移行する。この段階で、岩城氏も伊達氏に交渉を求める状況にあり、伊達氏優勢は決定的な状況にあった。伊達政宗は、相馬氏と岩城氏・佐竹氏、抵抗を続ける山内氏等の所領を除く福島県域をほぼ制圧する勢力拡大を実現したのであった。

おわりに

本稿では、以上のように天正十七年(一五八九)六月の摺上合戦以降の佐竹氏を中心とする連合に属していた領主層の伊達氏従属化の進展と、それに抵抗する二階堂氏の須賀川城の攻防を検討してきた。蘆名盛隆の母大乗院を中心とする二階堂氏の抵抗も空しく須賀川城が落城したことは、伊達政宗の南奥における覇権を決定的なものとし、天正十八年の年頭にかけて政宗は、福島県域全般に大きく影響力を振るうようになったのである。

ここで政宗が行った領主層掌握の特色に言及すると、従来の領主や勢力に比べ、従属する勢力に対して自らを支持する明確な姿勢を求めるところにあるように思える。たとえば二階堂氏の家臣保土原行藤に対して、「為レ始二須田方一、佐・岩入魂之面々、被二討果一候之事歟、被二押除一候ハん事、肝要ニ候歟」（十月十二日付 政宗書状『仙台』五一五）と、親佐竹・岩城氏である須田盛秀やその他の者の殺害か追放を求めている。つまり、二階堂氏内部の敵方を支持する者たちの徹底的な排除を求めているのであった。この政宗の姿勢は、前年の天正十六年の田村仕置において行った田村梅雪斎等の相馬派＝反伊達派の排除と共通するものがある。

これとは対照的に、伊達氏に対抗した蘆名・佐竹氏を中心とする連合勢力は、天正九年に行われた「惣無事」の際に、交渉に不満の意を示す田村月斎に対しても強硬な姿勢を見せてはいない。また、摺上合戦直前の義重出陣拒否の情報を受けて、蘆名氏内部で義広を常陸へ送還しようとする意見等は、おそらく元から伊達氏と強い関係を保持した蘆名氏内部の親伊達派が発したもののように思われるが、それを露骨に排除する姿勢は、蘆名氏や佐竹氏にはあまり見受けられない。むしろ中世を通じて南奥に展開されてきた在地領主のあり方を認め、幾重にも繰り返された重縁とも表現できる相互の関係に依拠しながら勢力を形造ったのが連合勢力であったように考えられる。そのあり方と従属勢力に対して明確な姿勢を求める政宗の姿勢には、明らかな相違を読みとることができる。その政宗の姿勢は、近世社会と違って、主従関係ひとつをとっても様々なあり方を許容してきた中世社会とは異なる方向性を持つものであった。ある意味で、その政宗の持つ新しさが、従来の秩序を排して南奥の戦国末期の戦乱を激化させるとともに、政宗による制覇を生んだのであった。

そのような政宗による南奥における覇権が成されようとした段階で、豊臣政権による全国統一への動きが南奥に波及してくる。蘆名氏は、天正十六年に宿老である金上盛備を上洛させ、盛備は秀吉に拝謁して政権への服属を許されている。そのため、蘆名氏への攻撃は、政権に従属した存在に対する攻撃と解釈されて、政宗は七月段階から会津攻略を問罪されることになる（七月四日付　豊臣秀吉判物写　千秋文庫所蔵文書『佐竹古文書』八）。政宗は、これに対し、上郡山仲為を上洛させて政権と交渉する。

そして、須賀川二階堂氏が滅亡して伊達氏の勢力が拡大したのが、前述のように天正十七年十月末から十一月であった。一方で、使者を上洛させて一度は従属を許容していた小田原北条氏に対して、沼田領問題の責を問うて、豊臣政権が全国の大名に向けて攻撃の意思表示を行ったのが十一月二十八日であった。もちろん、この事実を過大に評価することはできないが、北条氏攻撃のため東国への出兵を豊臣秀吉に決意させた一つの要因として、蘆名氏の滅亡と須賀川城の落城に示される政宗の勢力拡大があったとも解釈が可能である。ある意味で、政宗による南奥の制覇が、南奥を豊臣政権の天下統一への動きに直接結びつける契機になったということができる。

参考文献

遠藤ゆり子編　二〇一六『東北の中世史4　伊達氏と戦国争乱』吉川弘文館
垣内和孝　二〇一七『伊達政宗と南奥の戦国時代』吉川弘文館
佐々木倫朗　二〇一六「佐竹義重・義宣代替り考」『歴史と文化―小此木輝之先生古稀記念論文集』青史出版
高橋　充編　二〇一六『東北の中世史5　東北近世の胎動』吉川弘文館
千葉篤志　二〇一七「和田昭為の政治的位置に関する一考察―文禄期以前を中心に―」『十六世紀史論叢』八
森木悠介　二〇一六「戦国期佐竹氏の代替わりについて―義重から義宣への家督交代を中心に―」『茨城県立歴史館報』四三

第三部　伊達政宗、戦国大名から藩主へ

——支配のしくみの変遷——

戦国時代の伊達氏一門・家臣と領国支配

佐藤貴浩

はじめに

伊達政宗のことを考えるのが今回のシンポジウムのテーマである。そのことは十分に理解しているが、政宗のことを考えるには、曽祖父稙宗からみていく必要がある。そうすることで、政宗は稙宗―晴宗―輝宗から何を受け継ぎ、何を変えたのかを理解することができるだろう。そこで、本稿では、伊達領国の維持と拡大に大きな役割を果たした一門と家臣について、稙宗の時代から検討をはじめ、その後、政宗の領国支配の実態についてみていきたい。

伊達氏の場合、「一門」というと二つの意味がある。一つ目は、家格としての「一門」である。この「一門」は、政宗の代、慶長年間（一五九六～一六一五）に制定されたといい、政宗の叔父である石川昭光と留守政景、政宗の大叔父の子である伊達成実、そしてかつて稙宗・晴宗の子が入嗣し、その子孫にあたる亘理定宗・白石宗直・岩城政隆の六氏が「一門」とされた（佐々木一九六七）。亘理・白石・岩城の各氏は、政宗にとっては遠縁になってしまっているが、いちおうは血縁のある家である。一方、伊達氏の史料には、政宗の祖父晴宗の時代から、「一家」とか「一族」という家格が確認できるようになる。この「一家」や「一族」とされた氏族は、実際には伊達氏と血縁関係がまったくないものが多い。つまり、伊達氏は血縁関係にないものを「一家」とか「一族」という血縁関係があるように擬《なぞら》えることで、家臣との紐帯を強めていたのである（小林清治二〇一七）。こうした関係を擬制的血縁関係と呼ぶ。政宗は、晴宗の代には制定されていた「一家」「一族」の上に「一門」を加えつつ、晴宗以来の秩序編成を引き継いでいる。

二つ目は、家格としての「一門」とは異なり、一般的な意味での一門で、当主の子弟のような濃密な血縁関係のある存在のことである。以下、家格として用いる場合は「一門」、当主との濃密な血縁関係によるものは一門とのみ表記し区別することにする。

一門は、伊達氏の場合、稙宗や晴宗に子が多かったため多く存在した。しかし、多くは養子に出されており、伊達の名字を名乗った人物は少ないという特徴があった。

このように家格としての「一門」と一般的な意味での一門というように二つの意味があるが、本稿で扱うのは一門の方である。

次に伊達氏の家臣については、一般的には、晴宗に仕え、輝宗によって追放された中野宗時や牧野久仲、同じく輝宗の腹心だった遠藤基信、そして、俗に伊達の三傑などとも呼ばれる片倉景綱・伊達成実・鬼庭綱元などが有名である。しかし、当然のことながら、伊達氏の家臣はこれだけではない。また、実際にどのような活動をしていたのかということもあまり知られていない。そこで、二つ目のテーマとして、知られざる伊達氏の家臣について見直すということを挙げたい。

二つともかなり漠然としたテーマだが、戦国時代の伊達氏について、あらためてみてみよう。そのうえでシンポジウムのテーマである政宗について考えてみたい。

一　伊達氏の一門

1　伊達氏の入嗣政策

よく知られているように、政宗の曽祖父にあたる稙宗、そして祖父の晴宗は多くの子を儲け、他氏に入嗣させることでその勢力を拡大させたといわれる。

稙宗の儲けた男子は、葛西・留守・大崎・亘理、晴宗の儲けた男子は、岩城・留守・石川・国分といったそれぞれが鎌倉・室町時代から続く家に入嗣している。こうした家は、独自の領土をもっており、そこを支配している存在なので、入嗣に伴って彼らは伊達氏の領国を退去し、それぞれの家に移住することになる。

一方で、養子には出されたものの、伊達家中に残った者もいる。たとえば、稙宗の子である宗貞は桑折氏に養子へ出されたが、桑折氏は伊達氏から分かれた庶家であり、同じく宗殖が養子入りした村田氏は古くから伊達氏に仕えた家である。

また、養子に出されなかったものの、梁川氏を称した宗清や、晴宗の子で杉目氏を称した直宗は、伊達領内に所領を与えられ、その所領の地名を名字として別家を立てた存在である。

以上のように、伊達氏の一門は他氏に入嗣するか別家を立てたものがほとんどで、伊達家の家督を継承する可能性はほぼなかった。

稙宗の子供たちは基本的に稙宗の意向で養子に出されたとみていいが、晴宗の子供たちはどうかというと、実は輝宗の意向によって養子に出されていた者もいることが明らかになっている（黒嶋二〇〇二）。岩城に養子に行った親隆の場合は晴宗の意向であり、永禄六年(一五六三)に石川氏へ入嗣した昭光も晴宗の意向とみてよい。しかし、三男の政景が留守氏に養子に行ったのは永禄十年のことで、輝宗はこれ以前に家督を晴宗から相続していた。盛重が国分氏に出されたのは、天正五年(一五七七)に入ってからのことである。したがって、政景と盛重の二人は輝宗の意向で養子入りが進められたとみるべきである。

先述したように、伊達氏は養子入りを通じて、勢力拡大を図ったといわれるが、養子入りが本当に勢力拡大につながったのかというと、必ずしもそうでない。たとえば、天正十三年に政宗が蘆名・佐竹氏をはじめとした奥州諸家の連合軍と戦った人取橋《ひととりばし》合戦では、政宗の叔父にあたる石川昭光は実家の伊達氏と敵対している。これは、石川氏が伊達氏と領土を接していないため、何かあっても伊達氏の軍事支援を得にくい状況にあり、実家の伊達氏よりも、現実に石川氏の脅威となっている佐竹氏や蘆名氏に味方をする必要があったからである。つまり、養子入りしても、常に実家のために行動するわけではなく、養子に入った家の存続のためには実家と敵対することも珍しくなかったのである。

2　当主の脅威となる一門

時代はさらにさかのぼるが、ここで政宗の高祖父尚宗とその弟出羽守の対立についてみてみたい。

明応三年(一四九四)、尚宗と父成宗が対立し、成宗や家臣の一部が出羽守を擁立するという事件が起こる(「伊達正統世次考」)。尚宗は苦戦したようで、一時的に会津へ逃亡する事態となるが、結局、尚宗が勝利して出羽守は逃亡し、近江の六角氏の家臣となった。

この事件は史料がほとんどないので詳細なことは不明だが、次のことがいえる。出羽守は尚宗の弟、つまり一門だが、一門は何かあったときに、家中に擁立されて、家督を継承する可能性があったということである。これは逆にいえば、当主は一門に地位を脅かされる可能性があったということになる。

筆者は、弟の反乱によって窮地に追い込まれた尚宗の経験が子の稙宗にも影響を与えたのではないかと考える。つまり、稙宗は一門の反乱を防ぐため子弟を他氏へ養子に出したという側面もあるのではないか。この点に関して、たとえば北条氏や佐竹氏は、領国支配のために一門に一定の権限を与えて当主の補佐をするようなことをさせているが、そうした家と比べると、伊達氏は一門の活躍というのは、後述する伊達実元・成実父子を除いてあまりみられない。それは出羽守の反乱を教訓としたためではなかろうか。

3　伊達実元の活躍

伊達氏の一門として数少ない活躍をみせたのは、伊達実元である。実元は稙宗の三男で晴宗の弟にあたる。実元は当主以外で数少ない伊達の名字を称す人物であるが、最初からそうなる予定だったのではなく、たまたまそうなってしまったにすぎない。

もともと、実元は稙宗の意向で、越後上杉氏に養子に行くはずだったが、これに反対する晴宗との間に亀裂が生じ、天文十一年（一五四二）に稙宗と晴宗の間で伊達天文の乱という南奥羽の諸氏を巻き込んだ大乱が勃発してしまう。実元は稙宗に属していたが、最終的に晴宗が勝利すると、稙宗はわずかばかりの隠居領、実元は大森城（現在の福島県福島市）を与えられた（「貞山公治家記録」〔以下「貞山」〕）。こうして、実元の上杉氏への養子入りは果たされず、伊達家中に残ったため、実元は伊達名字を称することになったのである。

乱終結後の実元は晴宗に忠実に仕え、晴宗も実元を信頼するようになっていく。そうしたなかで、大森城周辺の所領は実元の支配するところとなり、大森領といってもいいような、ひとつのまとまった領域となっていく。そして、これは信夫郡の半分ほどにあたり、南の二本松を拠点にした畠山氏と領地を接しており、伊達領国の最前線という位置でもあった。

戦国時代の伊達氏は、家臣がこうした面的にまとまった領域を支配することを避ける傾向にあり、一般的に家臣の所領はあちこちの場所に分散させてあった（小林清治二〇一七）。所領が分散していると、支配するのが難しかったり、所領から軍勢を動員しようとしても、すぐには兵をまとめることができなかったりするため、家臣が力を持ちすぎることを避けることができた。ところが、実元の場合、そうした状況とは逆に面的なまとまりをもった所領となっている。この点は注目しておく必要がある。

つづいて、実元による八丁目城の奪取についてみてみよう。八丁目城は畠山氏の城で、大森領のすぐ南にある。ここを実元が天正二年（一五七四）に奪取したのである（「伊達輝宗日記」）。この時、当時の当主だった輝宗は米沢にいたので、実元が独自に軍勢を指揮したはずである。実元は、大森領から軍勢を動員して、八丁目城を攻めたと考えられるのである。当たり前といえば当たり前の話だが、実元が自分の領内から軍勢を動員して、独自に八丁目城を攻めているというのは注目すべきことで、所領が散在していたら、こうしたことはできなかっただろう。この後、畠山氏は伊達氏に降伏する。

そして、実元は、畠山氏の指南となる。指南というのは、大名とそれに従属する存在の間を取り持つ立場のことで、実元は輝宗と畠山氏の間に立って、輝宗の意向を畠山氏に伝えたり、反対に畠山氏の意向を輝宗に取り次いだりしている。こうした役割は、戦国大名が従属する家を統制していくうえで非常に重要なものだった。八丁目城奪取の時点では、実元と畠山氏は敵対関係にあるが、畠山氏が降伏すると、実元が畠山氏を統制する責任者となったのである。

伊達氏における実元の政治的立場とはどのようなものだったのか。実元は、基本的には大森城にいたと推定されるので、当主の側近という立場ではない。ただ、実元は、有事に際して、晴宗や輝宗、あるいは政宗に対して意見できる存在であった。

たとえば、中野宗時や牧野久仲が伊達輝宗に対し元亀元年（一五七〇）に反乱を起こした元亀の変では、小梁川盛宗という家臣を厳罰に処そうとする輝宗に対して、晴宗と共に赦免するように意見している（「貞山」）。これは伊達氏の場合、天文の乱のような父と子の争いが歴代にわたって繰り広げられてきた歴史があったので、晴宗が直接輝宗に意見を言って対立するのを避けるために、実元をクッションにしたのだろう。実元は、輝宗の叔父でもあり、一門の重鎮でもあった。そうした立場が、実元が輝宗に意見することを可能にしたと考えられる。

のちに政宗が畠山氏を攻めた際、実元は独自に畠山氏と交渉を続けたことがある。実元は暴走する政宗に対して、畠山氏との関係をどうにか調整しようとしたのである。

4　引き継がれた一門の役割

次に息子の成実にも少し触れておきたい。天正十四年（一五八六）に政宗が畠山氏を滅ぼすと、政宗は片倉景綱に二本松を与えるが、その直後に成実を大森から二本松に転封し、二本松の景綱を大森に移す。つまり、畠山氏を滅ぼして、伊達領国の前線が大森から二本松へ大きく南下すると、政宗は成実を前線に移したということになる。景綱に対する政宗の信頼は成実に勝るとも劣らないものがあるが、広い領域を支配するという点では、政宗の側近としての経歴が長い景綱よりも、実元の代から大森領を支配していた成実の方に実績があり、さらに伊達名字を称する一門という格が重視されたのである。

成実は、父の役割を引き継いで、畠山氏との交渉や、仙道方面の諸氏との外交や調略などでも活躍した。成実が政宗に嫁いだ愛姫の父である田村清顕に送った書状が残っている(「佐竹文書」)。成実の書状はあまり数が知られていないので貴重なものだが、清顕と成実が書状のやりとりをしているということは、田村氏をはじめとした諸大名と外交を活発に行っていたことを示している。

また、成実は調略も活発に行っており、蘆名氏の一族である猪苗代盛国への調略を行ったときには、伊達氏への内応を望む猪苗代盛国の要求を聞き、そのあと政宗との調整を行った上で、政宗の出す文書を盛国に送ると約束している(「伊達日記」。後述の「伊達天正日記」とは別の史料)。要するに、成実は他家の人間と交渉を行い、政宗の文書を出してもらうように調整する立場にあったのである。こうした成実の活動は、猪突猛進型の武将というだけではない政治手腕に長けた成実の姿を伝えている。

若年だった成実は実元のようなクッションの役割は果たしていないが、晴宗の代に形成された実元の軍事・外交上の役割は継承し、政宗も領国の支配と拡大にそれを利用した。まだ若かった政宗には子がなく、幼年の弟が一人いるだけであり、父輝宗すら天正十三年には亡くしてしまう。政宗に頼るべき一門はおらず、名実ともに孤独な当主だった。こうした政宗にとって、子弟ではないものの、成実は一門といってよく、唯一無二の存在であったろう。政宗にとって、晴宗の代に形成された一門の在り方をそのまま継承できたことは、幸運であった。

なお、ここまで実元・成実父子に絞って述べてきたが、他の一門でも実元の弟の宗澄や宗清などは政治的に活躍していたことが確認できる。しかし、やはり実元・成実父子の方が一頭抜きん出ている。その差は何かというと、晴宗と実元の母は同じ稙宗の正室だが、宗澄や宗清の母は身分の低い側室だったからであろう。

二　伊達氏の家臣

1　稙宗・晴宗・輝宗期の主要家臣

次に伊達氏の家臣について検討する。そこで、伊達氏の代表的な家臣をピックアップしてみよう。まず、稙宗の代には、「蔵方之掟」という文書を交付する際に署名していた人物が挙げられる（「伊達家文書」）。それは金沢宗朝・牧野景仲・牧野宗興・中野親村・浜田宗景・富塚仲綱の六人である。その三年後に制定された有名な「塵芥集」という分国法に署名したのは（「伊達家文書」）、金沢宗朝・国分景広・中野親時・富塚仲綱・万年斎長悦・伊藤宗良・峯重親・浜田宗景・牧野景仲・牧野宗興・沙弥土木・中野宗時の一二人で、傍線を付した金沢・中野・富塚・浜田・牧野の各氏は「蔵方之掟」にも署名があり、いずれも古くからの伊達氏の家臣だった氏族である。一方、万年斎長悦は連歌師で稙宗に気に入られて重臣に取り立てられた人物である。こうした身分の低い人物が登用されるというのも戦国時代の一つの特徴であった。ここに挙げた稙宗の家臣は、伊達天文の乱の際に稙宗に味方したものが多く、そうした者たちは稙宗が敗北すると、多くが没落してしまう（小林宏一九七〇）。

そのため晴宗の代の家臣団は、稙宗時代とは少し変化し、天文二十四年（一五五五）に発給された文書の署名者は、小々高隆純・小梁川親宗・新田景綱・中野宗時・浜田宗景・大枝稙景、意安軒指馬・桑島敏時・西大枝景政・守屋親成・山家茂頼・石母田時頼・下郡山長綱であり（「伊達家文書」）、稙宗時代にみえなかった人物たちが現れる。

一方、稙宗時代に署名していた浜田宗景や中野宗時は晴宗政権でも名がみえる。さらに晴宗が幕府から奥州探題に任命されたときには、桑折景長と牧野久仲が守護代に任命されている（「伊達家文書」）。中野宗時と牧野久仲は親子で、天文の乱の時に晴宗に属して最も大きな功績があり、乱後は伊達家中で絶大な権勢を誇った。

輝宗が家督を継いだのちの永禄九年（一五六六）に、蘆名氏の重臣が伊達氏に送った書状の宛先は、牧野久仲・浜田宗景・中野宗時の三人宛になっており（「伊達家文書」）、やはり輝宗の代になっても中野父子が力を持っていたことがわかる。こうしたなかで、元亀の変が起こる。これは従来、輝宗と不仲だった中野父子が起こした謀反と考えられてきたが、最近では菅野正道氏をはじめとして、これを輝宗による中野父子追放の謀略だったとする見方が出てきている（菅野二〇一六）。いずれにせよ、この事件によって中野父子は追放されることになる。そして、輝宗は遠藤基信や鬼庭良直のような、身分が低かったり、それまであまり重用されていなかったりした人物を引き立てていくことになる。

稙宗・晴宗・輝宗、そして政宗の代もそうだが、当主のお気に入りのような人物、いわゆる出頭人と呼ばれるような存在がおり、稙宗派の家臣は天文の乱で没落し、晴宗の側近だった中野宗時・牧野久仲父子は輝宗の代になって元亀の変で没落するというように、代が変わると当主を支える主要家臣の構成も大きく変わるということがいえる。もちろん、浜田氏のように稙宗時代から変わらず、伊達氏の重臣の立場を守り続けるものも多くいるが、戦国期の家臣の在り方はやや流動的なものだった。

2　政宗の側近

政宗の代になると、関係する文書も圧倒的に増え、家臣についても細かく知ることができるようになる。政宗は筆まめな武将として知られ、自筆の文書も非常に多く残されている。小林清治氏の指摘によれば、政宗の文書を受給した上位四人は、金山城主の中島宗求、白石城主から塩松城主を経て宮森城主となった白石宗実、そして伊達成実と片倉景綱で、彼らは自筆文書も多く与えられている（小林清治二〇〇八）。それは彼らに対する信頼を示しているが、この四人は、景綱は少し別にして、いずれも城主クラスの家臣であり、常に米沢にいるような家臣ではない。彼らは基本的にはその城におり、政宗とは離れていた。

そこで、政宗の側近くにいたのは誰なのかを考えてみたい。伊達氏には「伊達天正日記」と呼ばれる日記が残されている。この日記は伊達氏の家臣の内の何人かが毎日書き継いだもので、政宗の様子や家臣の動向が細かく記されている。天正十五年（一五八七）から十八年までの部分が残っており、かなり量が多いので、今回は天正十六年分だけに絞って検討してみる。

「伊達天正日記」には、伊達家の方針を決めるための談合に出席した人々、飯や振舞・茶の湯を共にした人々、それと重複する部分もあるが政宗と飲食等を共にした御礼衆や相伴衆と呼ばれた人々、政宗が家臣の家を訪れた御成の記事に出てくる人々などが記されている。こうしたことに、誰が何回呼ばれているかを記したのが次表である。

これを見ると、この年に一〇回以上政宗と飲食を共にしたり、談合に参加したりしているのは、伯蔵軒・七宮伯耆・原田宗時・小梁川泥蟠斎・錦織即休斎・富塚宗綱・遠藤宗信・松井松雲斎・白石宗実・国分盛重・伊達成実・留守政景・浜田景隆・浄庵・原田旧拙斎・片倉景親の一六人である。

このうち、談合に参加しているのは、高畠城主で伊達氏の庶流にあたり、当時六十五歳と長老格であった小梁川泥蟠斎（盛宗、表№4、以下数字のみ表記）や、輝宗の兄弟で政宗の叔父にあたる留守政景（12）や国分盛重（10）、そして政宗の信頼厚い伊達成実（11）と白石宗実（9）、さらに遠藤基信の子で当時まだ十六歳の遠藤宗信（7）である。伊達成実と遠藤宗信は政宗より若いが、談合に出ている面々は政宗よりも年上で、かつ家格も高い存在ばかりである。ここに挙げた人々以外にも談合に参加している者はいるが、基本的には身分の高い者が談合に参加しているといってよい。

No	人名	相伴衆	礼衆	めし	振舞	茶湯	談合	御成	合計
41	新田玄蕃			2					2
42	羽田因幡	1		1					2
43	守屋貞成	1				1			2
44	我借斎	1					1		2
45	粟野宗国						1		1
46	高仁田						1		1
47	村田万好斎					1			1
48	青木新太郎	1							1
49	砂金実常			1					1
50	石垣河内守			1					1
51	猪苗代甲斐守	1							1
52	今泉左馬			1					1
53	遠藤不入斎	1							1
54	大立目宗行		1						1
55	大町民部			1					1
56	鬼庭綱元				1				1
57	小塚		1						1
58	桜田元親			1					1
59	笹川佐渡			1					1
60	三女房	1							1
61	下桑折			1					1
62	田手宗実			1					1
63	中島宗求			1					1
64	成田右兵衛			1					1
65	糠田内膳	1							1
66	豊後	1							1
67	ほりけ	1							1
68	松木伊勢	1							1
69	宮川一毛斎	1							1
70	山崎	1							1
71	八幡小源太		1						1
72	下飯坂		1						1
73	小梁川宗重	1							1
74	高擶		1						1
75	亘理重宗			1					1
76	浪人衆		1						1
77	在郷衆		1						1
78	長井の在郷衆		1						1
79	山東の在郷衆		1						1

原則として、「相伴衆」以下の各文言が明記されている場合のみ集計したが、日記の解釈等によって、各数値が変動することは確実である。あくまでも傾向を知るための参考値であることをお断りしておく。

「伊達天正日記」天正16年の饗応・談合出席者一覧

No	人名	相伴衆	礼衆	めし	振舞	茶湯	談合	御成	合計
1	伯蔵軒	41		1	8	1			51
2	七宮伯耆	32		1	7				40
3	原田宗時	24		1	1	2			28
4	小梁川泥蟠斎	2	6	1	3	3	13		28
5	錦織即休斎	17	1	1	5				24
6	富塚宗綱	17		1		1			19
7	遠藤宗信	14		1	1		2	1	19
8	松井松雲斎	16	1			2			19
9	白石宗実	3	1	4	1	2	8		19
10	国分盛重	3	8	2			4		17
11	伊達成実	1	1	6	2		6		16
12	留守政景	2		3	3		5		13
13	浜田景隆	10				1			11
14	浄庵	10			1				11
15	原田旧拙斎	7			3	1			11
16	片倉景親	8			1	1			10
17	打月斎	9							9
18	藤田宗和	2	3		4				9
19	亘理元安斎	2		2	2		2		8
20	桑折宗長		3	1	1	1	2		8
21	大条実頼	4			4				8
22	休庵	7							7
23	守屋意成	6			1				7
24	鮎貝日傾斎	2	2			1	2		7
25	大内定綱		1	1	1	1	1		5
26	伊達鉄斎		2	2			1		5
27	高野親兼	3			1	1			5
28	黒木宗元			4					4
29	藤田晴親		3	1					4
30	桑折政長		3			1			4
31	五十嵐芦舟斎	2				1			3
32	梅仙斎	3							3
33	片倉景綱	1			1			1	3
34	伊達碩斎	1		2					3
35	増田宗繫	1	1						2
36	石母田景頼			1		1			2
37	泉田重光			1		1			2
38	大条宗直		1			1			2
39	瀬上景康			1		1			2
40	富塚信綱	1			1				2

ついで相伴衆には、宿老の原田宗時(3)や富塚宗綱(6)、浜田景隆(13)や片倉景綱(33)の叔父にあたる片倉景親(16)といった重臣の他に、錦織即休斎(5)や松井松雲斎(8)のような医師、また、伯蔵軒(1)や浄庵(14)のような出家した人物などがいる。特に伯蔵軒は五一回と突出しており、月平均で四回以上も政宗と食事を共にしていることになる。伯蔵軒は秀吉への使者を務めたこともあり、政治的な力量もあったとみられる。錦織即休斎も郡山合戦の和睦に際し、伊達氏を代表して検視を務めている。また、原田宗時は政宗より二つ上の二十三歳と年齢も近く、政宗の信頼も厚い家臣だった。七宮伯耆(2)はもともと蘆名氏の家臣だったが、伊達氏に仕えるようになり、その来歴から蘆名氏の情報に詳しく、調略などでも活躍していたため、政宗に重宝されたのだと考えられる。こうした活躍を見せた人物たちが政宗と食事を共にする際に、単なる食事のみで終わるはずはなく、その席で政治的なことを話し合っていたと考えるのが自然だろう。彼らはいずれも談合には出席していないが、政宗と日常の飲食を通じて、政治的なことを話し合っていたと推測され、まさに側近といえよう。

なお、相伴衆として名の見える人物のなかには、礼衆に名の見える人物もいるので、相伴衆や礼衆というのは固定された身分の名前ではないとみられるが、礼衆は比較的身分の高い人物が名を連ねており、その身分差が相伴衆と礼衆の違いと考えられる。

ところで、この一覧をみると、成実は政宗と一六回同席しているが、片倉景綱は三回、鬼庭綱元(56)は一回しか同席していない。だからといって景綱と綱元が政宗に軽んじられていたというのではなく、景綱はすでに大森城主となっており、綱元も政宗から多くの文書を受け取っており、天正十六年閏五月には百目木城主に取り立てられている。つまり、彼らは従来の政宗の側近というイメージとは異なり、城主という立場上、政宗と常に行動を共にしていたわけではないということが明らかである。この点は、菅野氏が強調する通りである(菅野二〇一三)。

なお、先述したように、今回は天正十六年に絞っているので、時期によってはここに名前の出ていない人々も政宗の側近になっていることは付け加えておく。

3　伊東重信の動向

最後に伊東重信の動向をみてみよう。この人物はここまで名前が出てきていないが、政宗にとって非常に重要な家臣の一人だった。

まず、重信が国分氏への指南を務めていたことを示す文書がある（「日野廣生氏所蔵文書」）。この文書には、重信が討ち死にしたので、国分氏への「指南」を七郎が行うようにとある。七郎は重信の子とみてよく、重信が討ち死にした結果、国分氏への指南を息子の七郎が世襲していることが指摘できる。

指南というのは、実元のところでも触れたが、戦国大名とそれに従属する家の間に立って、それぞれの意向を伝える役割のことをいう。ただ、実元の場合は、史料上に「指南」と見えるのではなく、研究上で指南と位置付けられているだけだが、重信の場合は、史料にはっきりと「指南」と出てくる。伊達氏の史料上に見える「指南」というのは、研究上いわれている指南とまったく同じ役割というわけではないが、おおむね同じような役割をしているので、重信は国分氏の意向を伊達氏に披露し、伊達氏の意向を国分氏に伝えるという役割を負っていたことがわかる。

つぎに、重信の具体的な動向を追いかけてみたい。「伊達天正日記」に見える重信の活動範囲を地図に起こしたものが次頁の地図である。重信は、天正十六年二月十日に大崎方面に向けて出発し、三月十五日に米沢に帰着する①。三日後の十八日には最上境の荒砥に向けて出発し、二十九日に米沢へ戻る②。そしてわずか二日後の四月一日に再び「下」（大崎・葛西）方面へ向けて出発し、国分を経由して、五月三日に米沢へ戻る③。それから少しして田村へ向か

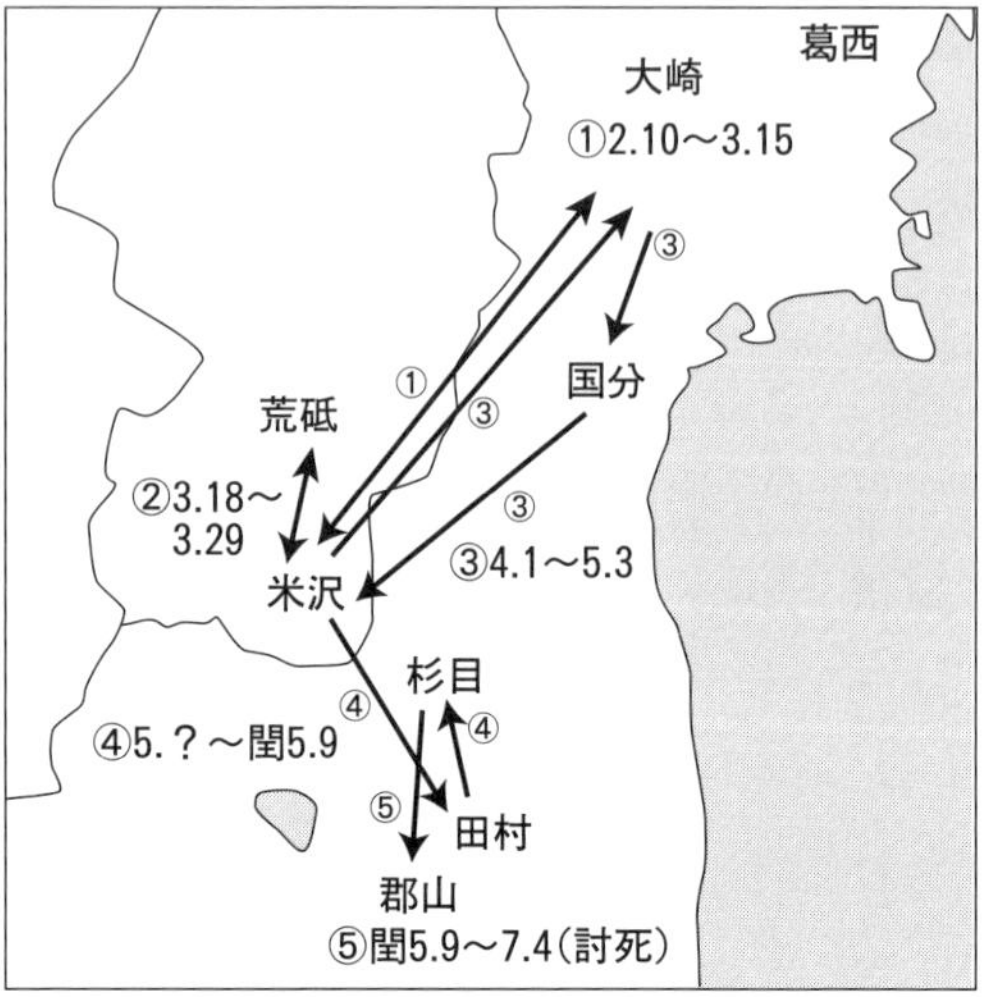

天正16年の伊藤重信の活動範囲

い、閏五月九日に政宗と杉目で合流し、二ヶ月後の七月四日に郡山合戦で討死する。

ここからわかることは、重信は田村・国分・大崎・最上など、地域に関係なくあちこちに使者として行っていること、そして二月以降はほとんど米沢にいないということである。この間に移動した距離は直線距離だけでも五五〇キロ前後になるから、かなりの移動距離である。こうした在り方というのは、重信だけでなく当時の伊達氏の家臣の多くがこなしていたことだった。

おわりに

ここまでをまとめると、次の五つのことがいえる。それは、①伊達氏は一門の反乱を防ぐため当主の子弟を養子に出していた可能性がある。②入嗣政策は、必ずしも勢力拡大には直結しない。③実元・成実父子は、伊達領国の最前線を支配し、他氏との外交や調略なども行い、伊達領国の維持・拡大に貢献していた。④片倉景綱や鬼庭綱元は、政宗の側近というイメージとは違い、城主となって以降は、あまり政宗の側にいなかった。側近といえるのは、政宗と飲食を共にする者たちだった。⑤伊東重信のような活動地域を限定しない家臣もいた。ということである。

冒頭で述べた、政宗は歴代から何を引き継ぎ、何を変えたのかについて、今回の検討を踏まえて一言しておこう。

政宗は、晴宗・輝宗期を通じて形成された一門である実元の在り方を継承し、領国拡大に活用した。一方で、父輝宗の代から活躍している家臣ももちろん多くいるが、原田宗時のように政宗と親近な間柄だった者を抜擢したり、対蘆名ということを意識した七宮伯耆のように政治的状況に応じた新たな家臣の登用がみられる。政宗は輝宗時代の家臣を引き継ぎながらも、独自の家臣の登用を行っていた。これは従来からいわれていることで、目新しいことではないが、政宗と飲食を共にした家臣の構成から見ても同じことがいえる。

最後に、政宗というと奥州の慣例を破って多くの氏族を滅ぼした革新的な部分が強調されることが多いが、実際には先祖から受け継いできたものの上に立ち、そこに独自の要素を付け加える形のものが多かったことを指摘して擱筆する。

参考文献

遠藤ゆり子　二〇一三「天正期における伊達氏の外交と片倉景綱」白石市教育委員会『白石市文化財調査報告書第四七集　片倉小十郎景綱関係文書』

菅野正道　二〇〇五「伊達氏における印判状の成立」『仙台市博物館調査研究報告』二五

――――　二〇〇九「天正期伊達領国における片倉景綱の立場」藤木久志・伊藤喜良編『奥羽から中世をみる』吉川弘文館

――――　二〇一三「片倉景綱の事跡」白石市教育委員会『白石市文化財調査報告書第四七集　片倉小十郎景綱関係文書』

――――　二〇一六「伊達氏戦国大名へ」遠藤ゆり子編『伊達氏と戦国争乱』吉川弘文館

黒嶋　敏　二〇〇二「はるかなる伊達晴宗―同時代史料と近世家譜の懸隔―」『青山史学』二〇　遠藤ゆり子編『戦国大名伊達氏』戎光祥出版　二〇一九に再録

小林清治　一九九〇「戦国期伊達領国の城館」羽下徳彦編『北日本中世史の研究』吉川弘文館
――――　二〇〇八『戦国大名伊達氏の研究』高志書院
――――　二〇〇八『伊達政宗の研究』吉川弘文館
――――　二〇一七『戦国大名伊達氏の領国支配』岩田書院
小林　宏　一九七〇『伊達家塵芥集の研究』創文社
佐々木慶市　一九六七「伊達家の一門衆」『第二期戦国史料叢書　伊達史料』下・月報一一　新人物往来社
佐藤貴浩　二〇一三「伊達領国の展開と伊達実元・成実父子」『戦国史研究』六五

戦国大名伊達政宗の村・町支配

遠藤ゆり子

はじめに

近年、戦国時代の東北地方においても、村落が成立していたことが明らかになってきた。ここでいう村落とは、いわゆる惣村に代表される政治的に自立した集団としての村町のことを指す。もっとも、東北地方の史料にも、「郷村」「村里」「村」といった用語は確認でき、集落としての村落が存在したことはよく知られていた。だが東北地方において、村落の実態を究明し、その歴史的な位置付けを積極的に行おうとする研究は、これまで充分であったとは言い難い。村落史研究は一九九〇年代以降に進展したが、「後進地域」と見なされていた東北地方においては、村落の成立はほとんど顧みられてこなかったのである。

しかし、戦国時代の伊達氏がどのような権力であったのかは、支配の対象であった民衆側のことも明らかにしなければ、その真相を究明することはできないであろう。そこで、本稿では次のことを目的として考察を行いたい。①政宗が当主となった段階の戦国時代において、伊達領国の村町の実態をどれだけ明らかにできるか示すこと、②村町にとって伊達氏がどのような存在であったのかを追究すること、この二点である。それにより、当時の政宗が向き合っていた課題の一端が見えてくるものと思われる。

では、考察を始める前に、戦国期の政宗が支配した伊達領国の展開過程を把握するため、この頃の政治動向を簡単に確認しておきたい。天正十二年(一五八四)十月、政宗は伊達家の家督を継いだ。翌年十月、降伏の意思を示した二本松城主の畠山義継が、父伊達輝宗を拉致して逃走したため、政宗は義継・輝宗を鉄砲で一斉射撃する事態となったという。同十四年、義継の遺子国王丸を支持する佐竹・蘆名・岩城・石川・白川氏らと対決の末、畠山氏は相馬義胤の仲介で伊達氏に二本松城を明け渡した。

天正十五年は比較的平穏であったが、内部対立が生じていた大崎氏では、当主の義隆らが山形の最上氏を、執事の氏家氏らが政宗を頼んだため、最上氏と伊達氏を中核とする戦いが展開し始めた。翌十六年閏五月には、相馬義胤が三春へ侵攻したため、政宗は田村月斎らを支援して援軍を送り、義胤を敗走させた。さらに政宗は田村氏を帰属させ、八月には田村領の仕置を行っている。

だが天正十七年になっても、伊達氏による田村領の支配をめぐる岩城氏・相馬氏との対立は続き、さらに蘆名氏・佐竹氏との戦いも展開された。六月、摺上《すりあげ》合戦で勝利した政宗は会津黒川城に入り、八月末には戦乱が続いていた南会津も支配下に置いた。そして十月には二階堂氏の須賀川城を落とし、石川氏・浅川氏らも伊達氏に従属することとなる。

よく知られるように、この頃は政宗が各地で戦争を展開し、結果として伊達領国が拡大していく時期に当たる。この動向と村町に住む多くの人々が、無関係であったわけではない。その点を確認した上で、激動の時代に生きた民衆たちが過ごした村町の実態に、迫っていきたいと思う。

一　戦国時代の村町

1　伊達領国における村町の存在

中世の伊達領で確認できた村の多くは、近世の村としても確認することができる（菊池二〇〇一、遠藤二〇一六）。伊達氏は、天文七年（一五三八）に作成した段銭（税）を徴収するための帳面「段銭帳」（『伊達家文書』〈以下『伊達』〉）を伝えており、そこに記された村名は天正期（一五七三～九二）の「段銭帳」や近世の史料にもみられるものである。

伊達氏の居城であった米沢城下には、永禄期（一五五八～七〇）には六つの町が揃っていたという（小林二〇一七a）。天正二年頃の史料には「南町・四郎兵へ町・柳町・大町・中町・北あら町」の六町が（「伊達氏人数日記」）、天正十五～十七年には南町・四郎兵衛町・柳町・立町・新町・谷地小路・小路の七町が見える（「伊達天正日記」、傍線部は引用者による。以下同じ）。なお、傍線部で示した町は、江戸時代の仙台城下でも同じ町名を見ることができる。上杉氏の支配下となった元和年間（一六一五～二四）の米沢城下では、粡町・東町・柳町・立町・大町・南町で六斎市が営まれており、既に伊達領国下でも六斎市が行われていた可能性が指摘されている（『米沢市史』）。

天正十二年正月、伊達輝宗が「かいそめ《（買い初め）》」として、町において「代物五十指」（代金五貫文）で「米・塩・あめ・おこし米」を購入している（「伊達輝宗正月行事覚書」）。天正二年十月には、「佐竹よりのとう《（唐）》人ニ合候」「から《（唐）》人参候」と見え（「伊達輝宗日記」）、大陸からやって来た人も米沢を訪れたようだ。北方からの珍しい品を扱う商人もいたらしく、「ゑぞ《（蝦夷）》より干こわた《（鮗）》」が届けられたこともあった（「天正日記」天正十五年五月二十二日条）。家臣から政宗に対する年頭参賀時の献上品には、昆布・イカ・タラ・鮑・ナマコ・にしん・ひじき・はまぐり・のりなどを確認でき、これらも米沢城下で購入したのかもしれない（天正十七年「玉日記」）。馬も売られていたのか、政宗が「最上よりの馬」や「まちの馬共」を見たという（「天正日記」天正十五年八月二十七日条、『米沢市史』、後者は町の者の馬の意味か）。戦国時代の村町の多くは近世へと継承され、町では市が開かれていた様子を窺える。では、これらの村町はどのような特色を備えていたのであろうか。次にその点を検討したい。

まず、「村請」が行われていたことが確認できる。村請とは、村内の個々の百姓が納入する責務を負う年貢などの税を、村が責任をもって徴収し、領主へ納めるというものである。その点は、いくつかの「段銭帳」（『伊達』）を分析することで、伊達領国でも明らかとなっている。詳細は別稿に譲るが（遠藤二〇一六）、村によって状況は異なるものの、村として段銭（税）を納入したり、村が実務を担う場合や収取の状況を把握するなど、村が村内の各家に対して徴税権をもっていたと考えられる。

伊達氏の家法である「塵芥集」からも、いくつかの特色が読み取れる。用水に関する規定である八六条では、堰場を改める際は「一郷のうちたらば、是非の違乱にをよぶべからず。もし他郷にいたつては、事の子細を披露致べし」と命じている。「一郷のうち《（内）》」「他郷」という表現からは、村（「郷」）には領域があったことがわかる。また一村内の堰場改修であれば村内で解決してよいが、他村との問題は伊達氏への報告を求めており、伊達氏が水利という生業問題に対応したことも読み取れる。

三三条では、「他国の商人・修行者、殺さるゝ事あらば、罪科にいたつては、その村里にあひ留るべきなり。たゞしかの郷内のもの一人なりとも、くだんの科人を申出で候はゞ、その村中の安堵たるべき也」と定めている。ここでまず、同じ組織を指して「村里」「郷」「村」と表記していることに注意したい。本稿ではこれらを村・村落という概念で呼んでいる。条文の内容は、伊達領国外の商人・修行者が殺された際、その罪科は殺害された村にかかる。ただし、村内の者が一人でも科人について申し出れば、村は責任を問われないという。つまり村は、村内で殺人という刑事事件が起きた時、伊達氏に対して責任をもち、独自の警察権をもって科人を洗い出し、それを領主へ申告するといった村の治安維持を担ったことがわかる。

実際、「天正日記」天正十五年八月八日条には、「たつまち《（立町）》にて、ぬす《（盗）》人うち《（討）》申、参候也」とあり、町として盗人を成敗したと思われる事例も見える。その際には町「検断」と呼ばれる者が統率したと考えられる。伊達氏の鳥屋の兄鷹を南町検断が見つけ、片倉景綱に進上するなど、町を代表する有力者の町検断は、戦国段階で既に存在していた（「天正日記」天正十六年一月条）。このように、伊達領国でも惣村に代表される政治的に自立した村町が成立していたのである。

2　伊達氏の役割—村町にとって伊達氏とは—

戦国時代の村町の特色は自力であった。だが、すべてを村町で担えたわけではなく、村町の治安維持に伊達氏も尽力した。「天正日記」天正十五年（一五八七）八月六日条には「夜ニ入、あら《（糀）》町にてぬす《（盗）》人おい出し、御ちうけん《（中間）》甚内、今者一人うち《（討）》申候」とあり、町が追補した盗人を伊達氏の中間が成敗した事例もある。同年五月二十七日条にも、「ぬす《（盗）》人の御せいはい《（成敗）》ニ、夜ニ入、こすけ《（小菅）》・窪田へ小成田・かたひらか《（片平加賀）》ゝ守・遠藤内蔵助さしこされ候」と見え（「天正日記」）、捕縛は村のようだが、伊達氏として盗人を成敗している（『米沢市史』）。同年四月十四日条に「夜御町中、やから《（族）》さかし御座候」とある盗人の探索で、「御町中」と記されているのは伊達氏が関与したためであろうか（「天正日記」、『米沢市史』）。

町で火事が起きた際も、「柳町にて火罷出候ヲけし申候也」（「天正日記」天正十五年七月晦日条）とあり、町が消火活動をしたと思われる。だが、天正二年四月に起きた、米沢近郊の福田村の火事では「ちんふれ《陣触》、山より外」(『伊達輝宗日記』)と見える。「陣触れ」とは出陣命令を指し、大火だったのか、家臣たちを火消しに向かわせたようだ。

　このような緊急時の対応だけではなく、伊達家の「談合」で村町に関する問題が議題となっていたことも窺える。天正二年九月二十一日には、「今日、しちや《質屋》のくたん《件》にてたんかう《談合》」とあり(『伊達輝宗日記』)、質屋の利率決定について話し合っていたとされる(『米沢市史』)。九月下旬というのは、年貢等の納期を前に借銭をする者が増える時期に当たり、伊達氏としても対応が求められたのであろう。また天正十二年正月十一日の談合初めでは、「八幡の御さうゑい《造営》・いさこせき《砂子堰》・おほてからめて《大手搦手》のやうしん《用心》」の三点が議題となった(『伊達輝宗正月行事覚書』)。二点目の砂子堰とは、慶長三年(一五九八)または同五年に開削されたという、現在の福島県伊達市梁川・保原を灌漑する用水のことであろうか(『日本歴史地名大系7　福島県』平凡社、一九九三年)。そうであるならば、既に天正十二年段階には砂子堰が存在、もしくは建設が計画されており、その建設または維持・管理に伊達氏が関与していたことがわかる。

　村の争いが、伊達氏に提訴されていたことも知られる。「天正日記」の天正十六年四月十六日条には「にし江俣《西江股》よりめやす《目安》あけ《上》申候」とあり、現在の米沢市西江股の村が、伊達氏に訴訟を上げていた。「塵芥集」では、たとえば村の領域を越えた堰場の改築を行う際は、伊達氏への報告を求められるなど(八六条)、伊達氏が村同士の問題を裁許していたらしく、「天正日記」はその実例を示すものとして注目される。

二　伊達軍と村町

1　年頭参賀に見える村町

伊達家へ年頭の挨拶に訪れる人々のなかには、村に拠点を置く「在郷衆」と呼ばれる伊達氏の被官たちも散見される。「在郷衆」は「山ひかし《（東）》のさいかう《（在郷）》衆、長井之さい郷衆」（「天正日記」天正十六年〔一五八八〕正月十二日条）というように、地域ごとに年頭の参賀に訪れていた。同じく村で生活していた被官のうち、「名懸衆」と呼ばれる者たちは、正月十二日・十三日にそれぞれ二〇〇人規模で参賀するのが通例だったようだ（「天正日記」天正十五年・十六年・十八年）。なお、「名懸衆」の謂れは諸説あり、伊達氏十代氏宗に「御名を懸けられ」麾下に属した伊達直属の徒士を指す（小林二〇一七b）とも、正月参賀で伊達氏に呼名される「呼懸式」に臨み、宴を賜ったので「名懸衆」と呼ばれた（「伊達世臣家譜」39-63、『米沢市史』）ともいわれる。

町からも年頭の参賀は行われていた。挨拶に際して献上した品々を記録した「玉日記」によれば、天正十七年という戦争準備で忙しい世相を反映してか、多くの武器が納められている（菅野一九九六）。なかには「御まちしゅ《（町衆）》　岡甚内　玉五十、御町鉄炮　高田助次郎　玉五十」と見え、町衆として鉄砲の玉を進上したことや、町で鉄砲衆が組織されたことが窺える。名懸衆のなかには町の者も確認でき、「高のゆき《（高野壱岐）》馬御まちしゅ《（町衆）》　きりう次郎さへもん　玉五十、高のゆき御まちてつほう《（町鉄砲）》　遠藤文三　玉五十」とある。彼らは高野壱岐守親兼の指揮下にあり、「馬御まちしゅ《（町衆）》」とは、騎馬で召集された者であろうか。

2　政宗の鉄砲衆

天正十六年(一五八八)四月十八日、政宗が北条(現山形県南陽市)へ向かわせた鉄砲衆には、「御てつほう《(鉄砲)》・したした《(下々)》鉄砲・御まちてつほう《(町鉄砲)》」があり、松木伊勢守・富沢出雲が指揮を執っていた(「天正日記」)。「天正日記」によれば、「御鉄砲衆」は城内で帷子《かたびら》を干したり、玉薬の準備をしたりした伊達家直属の鉄砲衆であった(同十五年七月十九日条)。「御鉄炮衆の御日起《(日記)》つき《(継)》申候」とも見え、御鉄砲衆は日記を記していたことも窺えて興味深い(同十六年七月二十九日条)。

一方の「下々鉄砲」は、同十六年閏五月十七日、伊達氏が対立する田村顕俊の居城がある「大蔵」(現福島県田村郡船曳町大倉)を攻めた時には、「御町てつほう《(鉄砲)》・下〳〵・小十郎《(片倉景綱)》てつほう《(鉄砲)》かけさせられ、町やき《(焼)》ちらさせられ候」と見える。町鉄砲や小十郎率いる鉄砲衆とともに伊達氏に動員され、大倉の町を焼いている。下々の鉄砲衆とは、伊達領の村で編成された鉄砲衆だと思われ、町鉄砲とともに時には敵方の領内へ動員された。

少なくとも、この時の大倉攻め前後においては、町鉄砲は片倉景綱の鉄砲衆と行動をともにしていたようだ(「天正日記」天正十六年五月十八日・六月二十一日条)。また伊達家の「御的場」で鉄砲を放つ様子も伝わり(同十七年四月十四日条)、相馬氏との戦いを終えた同年五月二十四日には、政宗の御前で町鉄砲衆が「御酒」を下されている。これらの様子からも、「御町鉄砲衆」は米沢城下の町の鉄砲衆かと考えられる。

稙宗の天正二年頃に、米沢の町から弓・槍、少数の馬上の者が動員されていたが、鉄砲は僅かに柳町の一、大町の七だけで数は少なかった(「伊達氏人数日記(着到帳)」、安部一九九九)。その後の十数年で、町にも鉄砲が浸透し、鉄砲衆が組織されていたものと思われる。

3　村町の野臥

まず、史料上の「野臥」とは何かを確認しておきたい。天正十七年（一五八九）六月五日、政宗は家臣の中島宗求と、安積郡郡山の郡山摂津守・同頼祐に宛てて、同じような内容の書状を出している（『伊達』、「秋田藩家蔵文書」）。そこでは蘆名義広と一戦を遂げたことが記され、宗求宛には「金上・針生方為始、馬上三百余騎、野臥共二千余討取」、郡山宛には「金上・針生を為始、馬上三百余騎、足軽共二千余討取」と記している。後者が近世の写しであることは注意すべきだが、少なくとも近世の段階では「野臥」と「足軽」を同じ意味で解しており、同義に理解してよいと思われる。

天正十七年四月、伊達氏は相馬・蘆名攻めの準備を進めていたが、その際に動員力を把握するために作成したとされる「野臥日記」と称する記録が残されている（小林二〇一七b、遠藤二〇一七）。伝来する同日記から、対象の郷村・町には小原・白石・新田・やづミや《八宮》・牛越町・瀬の塚・うすぎ《薄木》・がろ《家老》内・やづき《矢付》・けがや《毛萱》・大蔵・三沢・いさ《五十》沢・大石・山の川・かハくたり《川下》・小嶋《島》・羽田・大くぼ《久保》・飯野・小国・大波・鎌田・本内が見える。現在の宮城県白石市・蔵王町・柴田郡村田町、福島県角田市・丸森町・伊達市・福島市・川俣町に相当し、刈田郡・伊達郡・信夫郡・柴田郡と広域に及ぶ。

たとえば、小原郷伊賀分について部分的に記せば、次のような内容となっている。

一、ゑし《江志前》
御ふたん《不断》　斎藤々七郎
上　又四郎　なこ《名子》
中　四郎さへもん　なこ

下　与六

（中略）

一、湯沢

鉄砲　斎藤平さへもん

（中略）

一、なべやり《（鍋割沢カ）》　御大領

上　斎藤千代松丸　御なかけ《（名懸）》

「ゑし」「湯沢」といった郷内の村、現在の小字名に相当する単位ごとに野臥を列記している。なかには名子、ここにはないが下人も見え、「御不断衆」であるか、鉄砲や馬を所持するか、身体の強壮性や経済状況を示すと思われる上中下の区別が記されている。

野臥の実態についても「天正日記」から窺うことができる。天正十六年三月二十日、「荒砥へ上長井やり《（槍）》、のふし《（野臥）》をのをの《（各々）》とミ《（富）》沢いつも《（出雲）》守・いつミ《（泉）》沢左近衛さしそへ《（添）》られさしこ《（越）》され候。中山にて草調義之上首二ツとり申、上被申候」との記述から、対立する最上氏との両国境目に、上長井の槍衆と野武士（上長井の槍野臥か）が派遣され、政宗近習の富沢出雲・泉沢左近衛に従っていたとわかる。同年六月二十四日には白石宗実が、佐竹・蘆名両軍に攻撃された久保田の普請を行い、集まった槍衆・野臥（もしくは槍野臥）も普請のために派遣されたとある。

また、江戸時代に伊達家臣の鹿又勘太郎が伊達氏へ報告した記録によると、「貞山様所々御合戦に付、御境目為警固内之者百人余召抱、并伊達東根・西根之野伏六百人余誓約仕罷在」とある（『仙台藩家臣録』二巻、歴史図書社、一九七八年）。野臥は伊達郡東根・西根など郡や荘単位で把握され、戦闘ごとに誓約して従軍し、伊達氏旗本の軍団を構成していたという（『米沢市史』）。

4　軍事動員された人々

次に、伊達氏に軍事動員された人々が、どのような特色をもっていたかを見ておきたい。天正二年（一五七四）頃の「伊達氏人数日記（着到帳）」と天正十二年の「下長井段銭帳」を比較した安部俊治氏によると、彼らは段銭の納入者として確認できるという。たとえば、「人数日記」に大塚氏下の馬上「うしや蔵主」と見える人物は、「下長井段銭帳」で大塚郷の本段銭を上納する「うしや蔵人主」と同一人だと思われる。「人数日記」の「梅津助へもん」は、「下長井段銭帳」で勧進代・五十川郷・黒藤・浅立郷内の段銭を上納している（安部一九九九）。同じく「人数日記」の「梅津助へもん」は、「藤兵へ」と共に下長井の罪人逮捕の代官としても確認できる（「天正日記」天正十五年八月四日条）。在地のことをよく知る者として、派遣されたのであろう。

この「藤兵へ」は、「人数日記」B帳の「梅津藤兵へ」と同一人と思われ（安部一九九九）、政宗の代には「御名懸奉行」で（『仙台藩家臣録』四巻）、寺泉の知行地・成田の居屋敷の段銭を上納していた（「下長井段銭帳」）。「御名懸奉行」の詳細は不明だが、名懸衆をとりまとめる立場だったとも考えられる。

「人数日記」に見える大立目氏下の馬上の者は、仙台藩政期の荒砥近辺諸村の肝煎と一致することも知られ（安部一九九九）、近世の肝煎となるような家からも動員された。伊達領国においては、彼らのような村町の有力者に対する研究が充分ではなく、今後は彼らの実態追究が課題となろう。

三　戦地の拡大と村町

1　戦地拡大にともなう軍事動員の変化

天正十三年（一五八五）六月、政宗は蘆名領との境目にある桧原城（現福島県北塩原村）を、家臣の後藤信康に任せた。同城の普請（工事）には、米沢から会津へ向かう道沿いにある村「関・すもゝ《（李）》・山・つなき《（綱木）》・篠野」の「人足」が動員された（「引証記」一二）。基本的には、村の防衛に関わるような近隣の城普請に村の人々は動員されたと考えられる。だが、天正十六年正月に中島宗求が守る伊具郡金山城を普請した際は、「黒森《（金山城）》普請之事、門垣計之義ニ候者、大石近辺之人夫各召出、以二代官一早速可レ企二普請一候、堀切所抔ニ候者、人夫数多不二相越一候而者、成間敷候哉、彼是用所も候間、似相ニ老敷者一人、可レ被レ為レ登候」という状況であった（「中嶋家文書」）。当時は門垣ばかりの施設だったらしく、政宗は大石近辺の人夫派遣を命じている。大石の詳細は不明だが、同じ伊達郡の大石村（現霊山町）であろうか。そうであるならば、ここではかつての伊達氏の本拠地に近い大石村から、やや遠方の城普請へ人々が動員されたことになり、注目される。

同年には、周辺の領主たちとの戦争が多方面で展開されていく。二月には、最上氏の支援を受けた大崎氏との戦いで、政宗自身が出陣できないなか、東根・西根・刈田・柴田・伊具衆は境目の守りを残し、近習の者とともに軍事動員されていたことも知られる（「茂庭文書」、「引証記」一二）。戦地の拡大にともない、動員先が拡大していく様子がわかる。

2　新たな支配地

では、伊達氏が新たに支配を及ぼすことになっていった地域の村町と、政宗はどのように対峙していたのであろうか。次にその点を考察してみたい。まず、天正十六年（一五八八）における田村領の事例である。八月七日、田村領の仕置が行われるなか、三春の町検断と町衆が政宗の許へ挨拶にやって来た（「天正日記」）。二日後には、「晩かた田村さいかう《（在郷）》衆被二罷出一候。ふね《（船）》引衆・したゑたしゅ《（下枝衆）》・なかつま《（長妻）》衆被二召出一候」とあり、在郷している田村旧臣たちも政宗の許へ挨拶に来た。またここからは、田村家では船引・下枝・長妻といった地域ごとに、在郷衆が編成されていたこともわかる。

翌年七月、政宗が蘆名氏の城であった黒川城に入った時のことも見ておきたい。十三日の「昼さか《（下）》り、御町衆御にハ《（庭）》にて御めニかかり申候」（「天正日記」）とあるように、黒川城下の町衆も挨拶に出向いている。前に、米沢へも町衆・在郷衆が年頭の参賀に訪れたと述べたが、戦争などで領主が入れ替わった際にも、城下の町衆は城を訪れ、新たな領主との関係を構築していったことが窺える。

だがそれにより、彼らは伊達家のために働くよう求められることとなる。「天正日記」の天正十八年三月十九日条によれば、「あさ《（朝）》ニ石普請御さ候。黒川中、近習・家中・まち《（町）》の者共ニまか《（罷）》り出候而、せほい申候。四ツ時分御出キ申候て、被レ為二御覧一候」とある。春になって、前年の戦いで被害のあった黒川城の石垣普請に、城下の者たちが動員されている。政宗の感想は伝わらないが、出来上がった石垣を「御覧になられた」という。

3　政宗不在の米沢

一方、政宗が黒川城へ入ったことにより、当主不在となった米沢の様子はどうであろうか。政宗は、祖父晴宗の弟である伊達鉄斎宗清に米沢の支配を委任し、細やかな指示を与えていた。天正十八年（一五九〇）二月二十九日付の伊達鉄斎宗清宛 伊達政宗書状を見てみよう（「千秋文庫所蔵文書」）。まず、「当黒河在城ニ付而、長井中村里唱之義も、細ニ無二其聞一候条、下々唱等能々被二聞届一、縦不二用立一義ニ候共、以二書付一可レ承候」とある。政宗が黒川に在城のため、米沢近郊である長井中の村落からの声が伝わらないので、宗清が下々の主張などもよく聞き届け、たとえ不都合（もしくは無駄）なことであっても知らせてほしいと述べている。

また、「要害之普請、無二油断一可レ然候、但町中之者、不レ致二迷惑一候様ニ、可レ被レ加二憐愍一事専要ニ候」とあり、要害の工事は油断することなく行うべきだが、町中の者が迷惑しないよう、憐憫を加えることが大事だとしている。さらに「他家之者無二閉目一、米沢中ニ一宿成共、無用之由、被二相触一尤ニ候」ともあり、他家の者は米沢中に一宿であっても泊めることはできない、と触れを出していた。本城であった米沢においてさえ、政宗の居城移動によって治安の悪化も予測されたのか、具体的な指示が出されていた。

4　豊臣政権下で

最後に、豊臣政権下における動向を見ておきたい。天正十八年（一五九〇）、旧大崎・葛西領の旧臣たちが中心となって大崎・葛西一揆が起きた際、政宗は亘理重宗に対して「以下百性《（姓）》までも不二残置一可レ被二相立一候」と命じ、身分の低い以下人・百姓まで残らず動員しようとした（同年八月二日付 政宗書状「佐藤家文書」）。さらに「陣参難レ叶者は、陣着計も召連、則返し可レ申候間、只々多候事、千言万句」といい、陣参が難しければすぐに帰すので、「陣着」（陣所へ来ることか）だけでもいいから多くの者を召し連れるよう命じている。

翌年三月、一揆鎮圧後の旧大崎・葛西領を、政宗が秀吉から拝領することが取り沙汰されるなか、政宗は湯目景康に次のような指示をした。まずは「若あれ《荒》所ニ成候事歟、又撫切なとニ可レ有レ之とて、侍以下人訖も働《動》天候而、城ヲ拵、館ヲ築、可レ有二其構一候哉」といい、政宗は、領地が荒れ所となり、一揆による混乱が深まることを心配していた。一揆を起こした人々は撫で斬りを恐れ、城や館を築いて戦っていたのである。そして「以下者勿論、侍も忠節之人ハ、聊無二異義一相立へく趣、各以二相談一葛・大《葛西・大崎》へ唱候而可レ然候」として、「以下者」はもちろん、侍も伊達氏へ忠節を尽くせば、少しの問題もなく家臣に取り立てることを、葛西・大崎旧領の者たちへ伝えるよう指示している（「引証記」十五）。混乱した大崎・葛西旧領を支配する準備を、少しずつ進めていたことが窺える。

一揆の鎮圧が進むと、秋の収穫を前に百姓らの還住を承認している。天正十九年七月五日付で、政宗が平泉中尊寺に出した制札は、次の三つの条文からなる（「中尊寺文書」）。

一、此所土民百姓等、如二前々一可二有付一候、尤年具《貢》諸役、如二年来一可二相働一候、如何之機《気》遣仕間敷候、但乱後之間、年月之年具より少々可二免許一事、

一、百姓ニ横合非分之儀、何方よりも申懸族候者、則めやす《目安》にて可二申上一候、速ニ可二相澄一事、

一、百姓・作子、当作毛付次第ニ定置候、若百姓逃失候者、何者ニ而も百姓ニ可二有付一事、

一条目では、百姓らが以前の通り村へ帰り、これまで通りの年貢諸役を務めること、つまり新たな増額はないと保障している。また、戦乱後であるため、従来の年貢より少し免除するとも述べている。二条目では、伊達家臣が百姓に対して道理に合わないことを言ってきたら、百姓が伊達氏へ提訴することを保障し、速やかな対処をするとしている。三条目では、百姓・作子による耕作地を保障し、もし百姓が逃亡した耕地があれば、別人に与えて耕作することも保障している。耕地が荒廃することを忌避し、戦地となった新たな領国の復興を目指していたことが窺える。

最後に、一揆鎮圧のために米沢に豊臣軍が滞在した際、政宗が棟役代官へ与えた五条の条書も確認しておきたい

（天正十九年六月十四日付 伊達政宗条書「引証記」十五）。

一、長井之内、米棟役、地主ハ家一ツニ升二ツつゝ、なこ《名子》ハ家一ツニ升一ツつゝ、尤とかきニて、可取事、
一、於米沢ニハ、侍中家おは指置、めしつかひ《召使》候もの、家よりハ可レ取候、在郷ハ一家一族中、家主し《計》指置、其外可取事、
一、其一むら《村》〳〵より、彼米とも上衆泊〳〵へ、可二相届一事、
一、畠所ニおゐてハ、豆ヲ可レ取事、
一、代官之者共、もし家の一ツもゆるし《許》、其外いさゝかもあやまり《誤》の義候者、即可レ及二沙汰一事、已上、

長井には米を棟役で課し、「地主」は一軒につき二升、名子は一軒につき一升の米を出させた（一条目）。米沢の町では、伊達家臣の家は免除されたが、彼らが召し使う者の家には課し、在郷衆も家主は免除するがそれ以外には賦課された（二条目）。上方衆へ米を届ける役目は村が担い（三条目）、米がとれない畠がちの地域では豆を納めた（四条目）。伊達氏の代官が一軒でも見逃したり、少しの過ちを犯すことも禁じている（五条目）。このように、村とそれを構成する家を基盤に、上方衆の兵糧は確保されたのである。

おわりに

本稿では、政宗期における村町の成立と実態を考察し、村町支配のあり方を明らかにしてきた。伊達氏は村町の治安と生業の維持に努め、村同士の相論時には訴訟を受け付けて問題解決に当たっていた。だが、そのような村町の平和への対価として、さまざまな負担が求められることとなる。特に政宗期には、戦地の拡大と領国の拡大にともなっ

て、村町の直接的な防衛のための軍事動員だけではなく、さらに遠方へも動員されるように変化していった。豊臣政権軍の東北進軍時には、滞在中の兵糧が棟別で課され、村単位で取りまとめて上方衆の許へ届けられた。このような体制は、既に戦国段階からあったものと思われる。
だが、このような伊達氏の税制や軍事の中核を担った村町の有力者の存在については不明な点も多い。今後は、彼らの実態究明を課題とし、擱筆することとしたい。

参考文献

安部俊治　一九九九「天正二年頃の伊達氏人数日記(着到帳)について」『古文書研究』四九
遠藤ゆり子　二〇一六「戦国時代の伊達領国にみる村請の村―段銭帳の分析―」『弘前大学國史研究』一三七
遠藤ゆり子　二〇一七「『伊達天正日記』所収『野臥日記』の一考察」『市史せんだい』二七
菅野正道　一九九六「天正十七年の伊達氏の正月行事―「茶湯客座亭座人数書」と「矢日記」・「玉日記」の再検討―」『仙台市博物館調査研究報告』一七
菊池利雄　二〇〇一「出羽国置賜軍における伊達氏領国―『段銭古帳』による歴史地理学的考察―」(小林清治編『中世南奥の地域権力と社会』岩田書院)
小林清治　二〇一七ａ「伊達氏時代の米沢城下」『小林清治著作集1　戦国大名伊達氏の領国支配』岩田書院　初出一九六一
――――　二〇一七ｂ「戦国大名下級家臣団の存在形態―伊達家名懸衆の研究―」同前書　初出一九六五
『米沢市史』通史編　第1巻原始・古代・中世(米沢市史編さん委員会編　二〇〇七)　第四章第二節・第三節　(執筆担当は安部俊治・渋谷敏己)

近世大名伊達政宗の村落政策

籠橋俊光

はじめに

本稿のねらいは、近世大名伊達政宗の領国支配について、主に村に関してその実態を検討するものである。戦後二次にわたり編纂された『仙台市史』や『宮城県史』、近世村落研究会（一九五八）、渡辺信夫氏（二〇〇二）・小林清治氏（二〇〇八）・菅野正道氏（二〇一七）等の優れた先論によって、政宗の領国政策の全体像は把握されている。そのなかにあって近年の研究の進展が見いだしにくいのが、村落支配である。平成の『仙台市史』編纂における伊達政宗文書の収集によって、大量の政宗文書が確認され、政宗研究全体が進展しているにもかかわらず、政宗の村落支配に対する研究蓄積については決して十分とはいえないのではなかろうか。そこでここでは、文禄年間（一五九二～九六）以降の政宗の村落支配について一定の見通しを示すことを目的として、主に政宗文書に表れる村落政策の様相を確認してみたい。

最初に、大雑把ではあるが、政宗の統一政権への参画の過程における領国政策について見通しておく（『仙台市史』通史編三等）。小田原参陣から奥州仕置に至って旧領の大部分を失い、葛西・大崎旧領へと移動した政宗は、その後、自らの新領にほとんど帰ることなく、まさしく「際限なき軍役」に向き合い続ける。それは、長期間にわたる政宗不在を生じさせ、政宗の領国への関与は限定的なものとなる。この状況に大きな変化が生じたのが、秀吉の死と関ヶ原合戦である。政宗の領国政策の問題に限れば、新たな拠点である仙台城築城とその城下町の建設が大きな意味を持つ。政宗は、慶長五年（一六〇〇）十二月に仙台城の縄張を開始し、以後、城普請や岩出山からの家臣・町人の移動を進め、仙台城の諸施設と城下町に加えて、現存する大規模宗教施設の建設も進めていく。

短期間に建設された城下町について、政宗は早い段階で支配機構の整備を図った。代表的なのが町奉行の設置である。慶長十一年に政宗が発した「定」（「引証記」）には、町人からの進物等の受領禁止、規定以上の人足徴収の禁止、「公事沙汰」への関与、町役人への所用伝達、「公事沙汰」における奉行の合議、解決が困難な問題に関して政宗に直接上申することなどが掲げられている。徴税や町内の問題解決に関する職能と権限が明示され、さらにそれを「掟」のかたちで町奉行と町に提示しており、一定の機能を持つ役職としての町奉行の存在が確認できる。もちろんこれが、後世の仙台城下町行政と直結できるか検討が必要ではあるが、それでもかなり早い段階でその整備が進められていることは間違いない。城下町の支配機構が、城下町の建設とほぼ並行するように進められていることを、まずは確認しておきたい。

一　荒れ地への対応

それでは、本稿の課題である村落支配はどうだったか。近世初期の村落政策における検地の重要さは繰り返すまでもない。伊達氏領の検地についてはすでに詳細な検討があり、天正・文禄・慶長・元和・寛永の五つの検地が確認されている（近世村落研究会一九五八、渡辺二〇〇二）。このうち慶長・元和検地については、たとえば慶長検地の成果である検地帳が現在まで見つかっていないこと、元和検地の検地帳の多くが寛永十三年（一六三六）の火災で焼失し、その更新のために寛永検地が実施されたことなどから、あまり顧みられてこなかった。しかし、すでにみたとおり、政宗はちょうどこの頃に城下を建設し、領国支配に大きく目を向けている。そこで、この時期の政宗の村落政策の再考を試みたい。

　政宗の村落政策を考えるうえで、見逃すことのできないのは「荒地」である。結論を先に述べれば、政宗の村落支配を決定づけたのは「荒地」のコントロールであったといえる。政宗文書のなかで、荒れ地に関する言及が直接に見いだされるのは、たとえば天正十九年（一五九一）三月八日の湯目景康宛書状に「葛・大被下候ニ付而、若あれ所ニ成候事歟」とあり、葛西・大崎の新領における荒れ地の存在を意識している（「引証記」）。加えて文禄三年（一五九四）二月二日付の屋代景頼宛書状（「引証記」）に「飯野主膳に二三年はかりのあれ地も候歟、千刈下置へく候、但、起きそうなる所を可二相計一」、すなわち比較的短期間に発生した荒れ地のうち、耕作可能なところを家臣に配分するように岩出山留守居の屋代に命じている。荒れ地の存在を認識し、その解消に意識を向けて家臣を動員しようとする姿勢が見いだせるが、本格的な対策がとられた様相は確認できない。

　荒れ地への本格的な対応として着目されるのが、慶長検地である。関ヶ原合戦が終結し、仙台城・城下町建設も軌道に乗るなかで、政宗はようやく村に目を向けたのであろう。すでに知られているとおり、慶長検地は慶長十年（一六〇五）に実施され、検地を命じる文書には「分国中荒地、せんさく申付候付而、誰々領分勿論、蔵納之内にても、知行方かくれ目・棹はつれ於レ有レ之者、承めたて、可二申上一」（桜井寛氏所蔵文書）とある。これを字句どおりに理解すれば「分国中荒地、せんさく」、すなわち荒れ地の調査と蔵入・知行地の別のない「かくれ目・棹はつれ」の摘発である。つまり、この検地のねらいとは懸案であった領国内の荒れ地の把握にあった。このことは、慶長十年頃のものとされる茂庭綱元宛書状（仙台市博物館所蔵文書）に、「年来あれ地とも、無㆓際限㆒候、当年迄者、手をも不㆑付指置候、然者、兎角年々に、百姓共も何かと候て、つまり候や、おこし候事ハまれに候て、あれ候事ハ、としましのやうにて候」と、荒れ地が「無㆓際限㆒」もので、百姓が荒れ地を再度耕作しようとすることはまれであり、すでにその状態が長期化しているとの認識があることから如実に読み取れる。これは「二三年はかりのあれ地」と認知されていた文禄三年の状況とは明らかに異なるものである。

この史料には、政宗による荒れ地解決のプランも示されている。すなわち「十人のふちかた一貫八百にて候を、一ばいニ候ても、あれ地三貫六百ほとの所、下置候て、地かたをもおこさせ」、つまり扶持取の家臣にこれまでの扶持の倍に当たる荒れ地を与え、開墾させるものである。百姓による耕作が無理なら、文禄三年と同じく家臣を動員して荒れ地の解消に当たらせようとしている。なおこのプランの背後には、政宗が当時抱えていたもう一つの課題、すなわち増大しつつある家臣団への対応も影響しているという（シンポジウム菅野報告）。政宗はこの段階で数多くの家臣の召し抱えを行っていたが、その多くが扶持取であり、彼らの欲求を満たす俸禄の捻出に苦慮していた。「せんたいにて、月々にさいけんなきふちかたを、のがれ候やうに候てハ、いかゝ候ハんや」、扶持取の家臣に荒れ地を開墾させた後に知行として与えることは、荒れ地と扶持取家臣の難題を一挙に解決する良策だと、政宗は考えていたのである。

さて、その検地であるが、発令はしたものの、決してスムーズに実施されておらず、翌年には再検地を発令してようやく完了する。その後、この検地の成果に基づき、慶長十三年には家臣への知行地再配置が行われたとある（「伊達治家記録」）。それではこれで荒れ地が解消したのかといえば、政宗は慶長十九年には「日でり所ニ、井のもと田二たんニ一ツつヽ、是非ほらせ可レ申」、「年々の事ニ候へ共、川よけ・つヽミ可二申付一」（亘理家文書）と指示しており、井戸の掘削や灌漑の整備に心を砕く様子からは引き続き政宗の苦悩が読み取れる。加えて、少なくとも現存する知行宛行状において荒れ地を給付した例は、慶長検地前後では慶長十九年のわずか一件にとどまる（天理図書館所蔵伊達家文書）。知行宛行の実態など解明すべき点はあるが、荒れ地問題の解決は必ずしも政宗の思いどおりに進まなかったのが実情だったのではないか。

これに続く元和検地は、大坂の陣終結後の元和四年（一六一八）に発令、元和六年にかけて実施された。検地帳は若林城の火災で焼失したとされるが、わずかながら現存し、文禄検地との類似性が指摘されている（『仙台市史』通史編三）。ここで、この時期を特徴付けるものとして、元和四年に実施された領国北部の政宗の巡検に着目したい。

これに先立つ同年四月に佐々若狭守等の名で出された「覚」（『伊達政宗卿伝記史料』）に、「荒地之事いかやうの様ニ而荒候哉、其所ニよりしな〳〵可二申上一」、「百姓にけしにぬしなしニ罷成候所、其しな〳〵披露いたし、ぬしを可二立置一」、「一類之おほき百姓ハ其の所ニをひてのぬしなき地ハしつけ可レ申」とあり、荒れ地に加えて百姓が死亡や駆け落ちなどで不在となった地所についてもその理由を報告させ、適切な人物を空き地に入れるように指示している。さらに「久荒、又新田ひらくへき所候者披露可二申上一」、「せき、つヽみ、川よけ可レ有レ之所、以二絵図一可二申上一」などと、新田開墾地の選択や灌漑の整備についても指示している点が特徴的である。

この巡検の後、同年八月には検地奉行への「定」が発せられ、元和検地が始められる。先に見た慶長検地と比較してみれば、荒れ地の探索という意味では慶長検地と同じ基調にあると評価できるが、その一方で欠所の田畑についてその対策を講じており、家臣の知行替につながったとされる慶長検地とは異なる面、すなわち対百姓政策という性格を読み取ることができるだろう。

加えて、知行替に関して一つ補足しておけば、元和検地の前後で野谷地宛行が本格化していく様子が確認できる。政宗が知行宛行の一種として未開墾地である野谷地を給付し、開墾後一定期間を経過した後に検地を行い、その一部を知行地に組み入れる方策を採用していたことはすでに指摘されているが、その多くが元和年間以降となっていることに着目したい（高橋編一九八四、『仙台市史』通史編三）。先に見た「覚」にも、「久荒、又新田ひらくへき所」を申告させているが、ここでは「久荒」すなわち長年にわたる荒れ地と、新田として開くべき未開墾の地である野谷地とを区別して把握している。わずかな例ではあるが、たとえば元和九年二月十六日の広田彦左衛門尉に与えた知行では、野谷地と「久荒」の双方が見える（天理図書館所蔵伊達家文書）。元和検地では、野谷地と荒れ地の両方を把握し、それを家臣団に配分することで、新田開発を加速させていったのである。その意味においても、元和検地とは、慶長検地の荒れ地対策を継承しつつ、次の段階に移行するものだったと考えられる。

二　村落支配のしくみ

さて、これまで政宗の村落支配については、ともすれば検地の進行と家臣への野谷地配分を中心として語られてきた傾向がある。両者の意義はすでに述べてきたとおりであり、以後の仙台藩の方向性を決定づけた重要な問題であることに異論はないが、それだけで十分とはいいがたい。政宗がいかに領国を治めたのか、その点を明らかにするために、ここでは村落支配機構の成立に触れておきたい。

ここで、ごく簡単に仙台藩の村落支配機構について触れておこう（近世村落研究会一九五八）。仙台藩の地方支配は、郡方の管轄であった。郡方は、藩政全般を管掌する奉行、財政を担う出入司の配下に属し、地方支配を所管した。全藩領を四～五の管轄区に分け、その責任者として各一名の郡奉行が置かれていた。郡奉行は基本的には仙台で執務し、管轄内の郡政全般を管掌した。その配下として在地での実務を担当したのが代官である。代官は各郡に一名または複数名置かれ、実際に領内各地に派遣され、管轄領域の中心的な町場に設けられた代官所で業務に当たった。代官の職務は、村役人の指揮監督や任免、人別管理、蔵入地の年貢や管轄内村々の諸役の徴収、犯罪人の下調べや訴願の審査等であった。

村々には各郡・各村ごとに村役人が置かれ、それぞれの行政を担った。彼等百姓から選ばれる村役人は、大肝入以下の諸役人である。各代官支配区ごとに一名ずつ置かれて領域内の行政管理や諸役徴収に当たったのが大肝入、各村に置かれて村ごとの年貢・諸役の徴収や人別管理等の業務に当たったのが肝入で、それぞれの領域を代表する存在であった。

このような村方支配の機構が藩政当初から整備されていたのかといえば、実はそうではない。すでに指摘されているが、そもそも政宗期の領国支配全般の基軸とは政宗のトップダウンのもとで茂庭綱元を中心に据え、奉行とその配下の専門官を登用することで推進されたものであり、官僚機構の整備という側面では未成熟なままであったという（シンポジウム菅野報告）。このことは、村落支配に関しても当然ながら該当する。多少時期が前後するが、この状況を具体的に検討してみよう。

元和四年（一六一八）八月に政宗が発した「御検地奉行衆」に宛てた「定」がある（須江家文書）。五か条からなる「定」だが、検地奉行に宛てたものでありながら、その内容は「地頭・百姓之間、肝煎・小百姓之間、年貢其外何事ニ付而も、金銀料足・俵物以下之とりやり、少之儀をも、たかひに以二切手一請取渡可レ仕」と、百姓と家臣ないしは肝入との間の年貢等のやりとりに関して文書を取り交わすこと、あるいは「さしたるとが・あやまり無レ之者を、自分のいしゆ・いこんを以、めやすに書上申者候ハ、、御せんさく之上、めやす上候者可レ被レ及二御成敗一」と、他人を無実の罪に陥れる者には厳罰を処すること、などとあるように、全般として百姓の訴訟に関する内容であり、決して検地に関するものではない。加えて、「右条々、御蔵入ハ不レ及レ申、給人方所々入レ念、此御書付をうつし、ねんころニ可レ被レ申」と、蔵入・給人地の別を問わず、周知徹底を図ることを指示している。

このように、このときの検地奉行は、藩側の通知を百姓に周知させる責務を負わされており、おそらくは検地の業務と並行してのことではあるだろうが、民政の窓口にもなりうる存在と位置づけられたと推測される。そしてこのことは、この頃まで村落支配を専管する組織が未整備だったことを示すもので、後世の郡奉行や代官とは異なる様相を見いだせるのである。

それでは、後の支配機構はいつ頃からその端緒が見いだしうるのだろうか。比較的早くその姿が見えるのは、年貢・諸役の収納を担う代官である。代官なる用語は、たとえば「塵芥集」においても見られるが、慶長初年までのその多くは、大名の命令をその都度執行する、まさしく語義どおりの代官であった。この傾向は政宗の治下においては相当後の段階まで確認できるものではあるが、蔵入地支配をはじめとする村落支配の担い手としての代官の成立については、その変化が先に見た慶長十年(一六〇五)頃の茂庭綱元宛書状に見いだせる。

ここで政宗は「先当年之おさめかた、俵物ハはやけのまへより、そこそこ代官ともに申付、その代官とも、自身其所々所々へ罷越候て、とりきり候へと、可二申付一」と述べる。「自身其所々所々」へ派遣されるという意味では、これ以前の代官の性格に通じる面も見られる一方で、「俵物」の「とりきり」、各地に自ら赴いて年貢の徴収に当たる任務が課されており、これ以後の代官との共通性を見いだせる。ここに、蔵入地年貢や諸役の徴収を任務として領内各地に派遣される代官の存在が確認できるといえるだろう。

しかし、このときの代官をもって後の代官の成立とまでしてよいものだろうか。元和八年八月十日に政宗が茂庭了庵等に宛てた書状（茂庭文書）を検討しよう。

ここで政宗は、茂庭等に対して代官所の設置について「当知行より其分ニ可レ然」と、早急の整備の指示を与えており、あわせて代官についても「無足小身者共ニ候得共、及二十人一所々蔵入之所、使をも可レ仕与申上者共有レ之事候、然間先此者共ニ万納方之義、急度可二申付一」と述べる。代官の職にある者は、決して家格では上位に位置しないが、政宗の意を受けて蔵入地の年貢徴収に当たるものであり、適切に業務に専心すべきであるとする。さらに、「対二御百姓一、非分之義少も申懸間敷候、又年々御知行荒不作不レ仕」とあり、代官の百姓に対する不法行為の禁止を明言すると同時に、荒れ地の増加や不作を防止するように命じている。荒れ地に関する指示を出している点は、元和検地と共通する側面を見せる。最後に政宗は、「此等之義、其外条々、各以二相談一、一ツ書ニ仕、起請を為レ書、皆々見候所ニ而、血判仕候様ニ可二申付一」と、茂庭等に代官に誓約させるべき内容を精査させ、それをまとめた上で、代官に血判の起請文をもって誓約させるように指示する。

ここには、代官所の設置、代官の性格と責務について述べられているが、業務の遂行を血判で誓約させることで政宗の代行者としての性格を保持しつつ、蔵入地の年貢収納と村落支配に従事する後世の代官のあり方も見いだせる。現地派遣と併せて、代官の成立をこの時期に求めてもよいであろう。

次に、もう一つの支配機構の一員である郡奉行を考えてみるが、それに先立って今一度、町奉行について思い起こしておきたい。慶長年間における町奉行の業務で重視されていたのは町内の訴訟の解決であり、そのルール化であった。だが、先ほど見た代官に関しては、この点は確認できない。その一方で、元和検地の検地奉行の「定」においては、百姓の訴訟に関して言及されている。ならば、この当時は百姓の訴訟は現実的な課題であったにもかかわらず、そのための機構は準備されていなかったのではなかろうか。そこで、政宗文書を通じて百姓の訴訟、すなわち史料文言における「目安」について考えてみたい。

百姓の「目安」は、たとえば天正二十年（一五九二）十月に発せられた「天正廿年之ちきやう」に関する政宗の制札（須田靖彦氏所蔵文書）に、「五分一地頭知行」の他に「百姓ニたいし、地頭慮外之義、申かけ候ニおいてハ、岩出山留守番のもの共へ、目やすを以、事のしさいを可二申分一候、そのほか、地下人にたいし、よこあひ非分の義、於ㇾ有ㇾ之者、留守居のもの共へ、そせうにおよふ」ようにとある。地頭、すなわち知行取の家臣と百姓の間で問題が発生した場合には「目やす」を提出することを認めている。百姓が領主に給人の不法行為を直接訴えて解決を願い出る行為を直目安というが（深谷二〇〇九）、ここで注目すべきは、その申し出先を領主である政宗ではなく「岩出山留守番」とすることであり、政宗不在下における村落支配の実態がうかがえる。

この状況の変化は、やはり慶長年間以降ということになろう。すでに確認したとおり、この段階で城下町では町奉行を訴訟事務に当たらせる体制が創出されており、町が村落に先行している。一方の村落支配における訴訟事務の整備は、現段階で確認できる限りでは、元和検地の段階まで持ち越されている。たとえば元和四年の政宗による北領巡検における「覚」に、「今度御国廻ニ付而、所々百姓以下御訴訟之事者、無二遠慮一可二申上一」とあり、巡見中の直目安を明確に保証しており、直目安が維持されていることがわかる。

ところが、同年の検地奉行への達においては、「さしたるとが・あやまり無ㇾ之者を、自分のいしゅ・いこんを以、めやすに書上申者候ハヽ、御せんさく之上、めやす上候者可ㇾ被ㇾ及二御成敗一」と、野放図な「目安」の拡大を警戒し、他人を無実の罪に陥れるような「目安」を行った者は「成敗」するとして、その制限を通達するのである。この背後には、実態は不明ではあるが、おそらくは百姓からの直目安に対応しきれなくなった状況が推測されよう。同じ年にもかかわらず、一方で「無遠慮」といい、一方で「成敗」という姿勢は、統一されたものとは必ずしもいいがたい。

この状況のなかで、その存在が次第にうかがえるようになるのが郡奉行である。郡奉行の設置の時期は不明である。近世初期に郡奉行を務めた村田吉助について、その年譜に元和二年に来仙して郡奉行に就任したとあるが、その時期等にはすでに疑問が呈されている（「伊達世臣家譜」、『仙台市史』近世一）。加えて、ここまで検討してきたように、元和検地段階で百姓の訴訟の窓口を検地奉行が担っていたことも無視できない。郡奉行がこれ以前に成立していた可能性も否定できないが、少なくとも後世のように郡奉行の下に一本化された郡方の姿は見いだせない。

そのなかにあって、寛永六年（一六二九）八月に政宗が石母田大膳亮宗頼等に宛てた黒印定書（石母田文書）を注目したい。政宗は、「給人知行之内、百姓をきふく召使、非分之儀を申懸、百姓相つふれ、田地荒、諸役引方可レ有レ之候、郡奉行へ横目を指添、当秋より毎年村中穿鑿候而、牒を仕、肝煎・百姓連判をなさせ、披露可レ申」と命じる。ここでまず着目すべきは「郡奉行」の登場であるが、そればかりではない。給人が自らの知行地内の百姓に対して不適切な取り扱いがある場合、郡奉行が「横目」を同道して村々を調査し、その結果を肝入・百姓に捺印させた上で政宗まで上申させよと命じている。つまりここでの郡奉行とは、給人の非分を百姓から訴え出る窓口として、「横目」を帯同して廻村するものである。「横目」の存在を具体的に明らかにはできないが、その名称から監察に関わると推測される。ここに至り、村落支配における町奉行と同様の職務を有する、すなわち百姓からの目安を受け付ける機関としての郡奉行が確認できるのである。

加えて、ここで想定されているのが藩と百姓または百姓間の問題ではなく、給人と百姓の間の問題解決である点に注意したい。この背景には、地方知行を受けた給人と百姓の間で問題が発生し、政宗がその解決に取り組む必要に迫られていたと推測される。家臣への積極的な地方知行や野谷地給付の推進への代償ともいえようか。そしてその解決策として、百姓の目安を推奨しつつ、その取り扱いを専管する郡奉行を設置したということになろう。ただし、ここでも最終的な百姓の目安の行き先はあくまで政宗に設定され、直目安としてのあり方が完全には失われていない。しかも、ここでは郡奉行と年貢・諸役の収納への関与や、代官との関係は明瞭ではない。その意味では、後の郡方の組織の成立とまでは必ずしもいえない。総体として、個々の役職の整備では一定の進行が見られたものの、官僚組織としては未整備に終わったというのが、政宗段階の村落支配の達成点であり限界でもあったのではないだろうか。

三　村役人の創出

最後に、郡方の機構のもとで村落支配を担っていた村役人のうち、肝入と大肝入について、その概略を示しておく（籠橋二〇一六）。最初に、各村を管理する肝入については、天正検地の検地帳においてすでにその存在が確認できる（近世村落研究会一九五八）。これに続いて、たとえば慶長六年（一六〇一）、政宗が鹿野甚衛門に宛てた知行宛行状に遠田郡冨長（現宮城県大崎市）・本吉郡横山両村（現宮城県登米市）にそれぞれ肝入の名が見える（鹿野秀夫氏所蔵文書）。このように、存在の確認に限っていえば、町奉行や代官・郡奉行等の支配機構の整備に先行している。さらに、元和五年（一六一九）に発給された「御判」による竹木の伐採を定めた黒印状（天理図書館所蔵伊達家文書）があるが、その宛所は「御分国中在々肝煎」とある。これをもって仙台藩の諸村にまんべんなく肝入が設置されたとまではいえないが、相当数の村々における肝入の設置を想定することは可能であろう。

この時期の肝入の職務としては、たとえば慶長七年には、柴田郡小泉村（現宮城県村田町）における仙台城下築城人足七一二八人に支給された米五三石四斗六升の請け取りに関する「切手」を発給し、支給の実務に当たる肝入の姿が確認できる（天理図書館所蔵伊達家文書）。加えて、慶長十四年には本吉郡津谷川村において年貢以外の「三十貫文」の徴収を命じられる肝入が確認される（畠山家文書）。さらに、すでに見た寛永六年（一六二九）の政宗の黒印定書には、給人との問題が発生した際に「牒を仕、肝煎・百姓連判」をさせるとある。このように、人足への米の支給や諸役の徴収、村内問題への関与やそれに伴う各種文書への署名などを担当した肝入の存在が確認できるが、これらの指示の多くが政宗の黒印状が直接交付されている点で、それ以後との相違点を見いだせる。

ついで、大肝入についても見ておきたい。一般には政宗没後の寛永十五年の成立とされているが、一方でその前駆的存在を政宗治世中に見いだせる。早い例では慶長十八年、磐井郡津谷川（現岩手県一関市）の善衛門が「気仙中万臨時」役の徴収を担当している（畠山家文書）。あくまで臨時の措置ではあるが、個別の郡における諸役徴収に当たっている。続いて元和六年には、気仙郡今泉村（現岩手県陸前高田市）の吉田宇右衛門が「気仙之肝煎預置」かれ、「及川相模本知行五貫文」を与えられている。このように、郡内の諸役の徴収を命じられ、肝入を配下に置き、管轄内を代表する村役人としての姿が確認できるものの、一方で役料ではなく「本知行」を与えられている点で後の大肝入とは異なる。

以上のように、代官や郡奉行と同様に、この段階の肝入・大肝入についても後のそれとは相当に異なる存在であることがうかがえる。加えて、政宗治世下で彼等の存在がある程度明らかになる慶長末年から元和期は代官・郡奉行の整備の時期にも当たっており、この頃の村役人のあり方にはそれらとの連動も考える必要がある。

おわりに

以上、事例の検討に終始したが、政宗文書から見られる村落支配の様相について簡略にまとめておきたい。関ヶ原戦後、仙台城とその城下町の建設に続いて進められていったのが、荒廃した領国の再建、すなわち荒れ地対策であった。荒れ地の把握を目指した慶長検地は、政宗の強い危機感のなかで推進されたもので、以後の村落政策の方向性に大きな影響を与えるものとなったが、その解決を家臣団の知行替に求めた点が特徴的である。一方で組織面では、城下町政策の進展と比べると肝入と代官の存在の確認にとどまる。

元和検地は、荒れ地対策という意味では慶長期の延長上に位置づけられるが、知行制においては野谷地宛行が開始され、未開墾地の開発へと転換している。そしてより大きな変化として、百姓・村への対応が本格化し、代官所の設置や後の大肝入につながる存在などの整備が始められていることが指摘できる。対百姓政策の具体化が、元和期以降の新たな基調として位置づけられよう。この状況を受けて、寛永期には村落支配の専門的な組織の形成に向かい始めていく。家臣団への知行・野谷地給付が給地周辺の百姓との問題を引き起こし、それに対応する職務を担う郡奉行の設置につながる。その意味では、元和期にまして対百姓政策の色を濃くしていると評価できるだろう。ただし、この段階では郡奉行のもとでの官僚組織の形成や職務の整備などは確認できない。これらの問題は政宗の段階ではついに達成できず、二代藩主忠宗へと持ち越されていく。

ここまで見てきたように、政宗の村落政策は慶長期の城下町建設以後、荒れ地対策を一つの契機として始められ、家臣団を動員した荒れ地・野谷地開墾の推進へと結びついた。同時期に代官・郡奉行・村役人等の整備も進められていった。これらが後の仙台藩領における穀倉地帯の創出や支配機構の原型となることは間違いない。まさしく政宗の領国経営、国づくりであった。しかしその一方で、本稿で見たようにその過程は決して直線的に展開していったものではなく、むしろその時々の政策課題に対応しているといった印象を抱かせる。書状等ににじみ出る政宗の焦り、子細にわたる指示の数々には、いわば差し迫った現実への対応という側面が強く見いだせる。このような、行きつ戻りつというべき状況こそが政宗の村落支配の現実であったということを、今一度確認しておきたい。

その上で、現段階で確認できたこのような状況が、近世大名の成立という問題に還元してみた場合の意味について、ここでは触れることができなかった。政宗を手がかりとして、戦国大名の近世化という大きな問題を考えていく必要を感じてはいるが、それについては今後改めて考えていきたい。

参考文献

遠藤ゆり子編　二〇一六『東北の中世史4　伊達氏と戦国騒乱』吉川弘文館
大石学・時代考証学会編　二〇一六『伊達政宗と時代劇メディア』今野印刷
籠橋俊光　二〇一六「大名と村・百姓」高橋充編『東北の中世史』5　近世への胎動　吉川弘文館
菅野正道　二〇〇〇「中世の村から近世の村へ」『仙台郷土研究』二六一
――――　二〇一四『イグネのある村へ』蕃山房
――――　二〇一七「伊達政宗の領国統治」展示図録『伊達政宗』仙台市博物館
近世村落研究会　一九五八『仙台藩農政の研究』日本学術振興会
小林清治　一九八五『伊達政宗』吉川弘文館

――――　二〇〇八『伊達政宗の研究』吉川弘文館
佐藤憲一　一九九五『伊達政宗の手紙』新潮社
高橋富雄編　一九八四『伊達政宗のすべて』新人物往来社
千葉明夫　一九八五『仙台領の大肝入』私家版
深谷克己　二〇〇九「近世政治と百姓目安」『深谷克己近世史論集』第二巻　校倉書房
山口啓二　一九九三『鎖国と開国』岩波書店
渡辺信夫　二〇〇二「仙台藩の成立」『渡辺信夫歴史論集』一　清文堂出版
仙　台　市　一九九四～二〇〇七『仙台市史』通史編三～五・資料編一〇～一三
宮　城　県　一九六六『宮城県史』二
藩祖伊達政宗卿顕彰会　一九三八『伊達政宗卿伝記史料』

展覧会レポート

特別展「伊達政宗―生誕四五〇年記念」ができるまで

佐々木　徹

仙台市博物館では、平成二十九年(二〇一七)十月七日(土)から十一月二十七日(月)にかけて、特別展「伊達政宗―生誕四五〇年記念」(以下、政宗展と略記)を開催した。その名の通り、伊達政宗(一五六七～一六三六)の生誕四百五十年を記念した展覧会であり、四十六日間で四万二五二五人の方々にご来場いただいた。

展覧会は、館蔵資料はもとより国内各地に残る多彩な関連資料二三六件によって、現在の仙台・宮城の基礎を築いた仙台藩初代藩主伊達政宗の生涯や政治・外交・文化など、さまざまな足跡について紹介し、動乱の時代を駆け抜け、泰平の世を生きた彼の人物像をより深く知る機会とするものであった。古文書類をはじめ、刀や甲冑・陣羽織などの武器・武具類、きらびやかな小袖や屏風、貴重な洋書・茶器など、政宗あるいは周辺武将ゆかりの資料を幅広く展示することができ、さらに当初の想定を上回る来場者を得て大変好評いただいたと感じている。また、そうした展示資料をじっくり観覧する来場者が多い印象であった。展示構成は左記の通りである。

プロローグ　描かれた「独眼竜」

第1章　戦国武将　伊達政宗―一五六七～一六〇〇

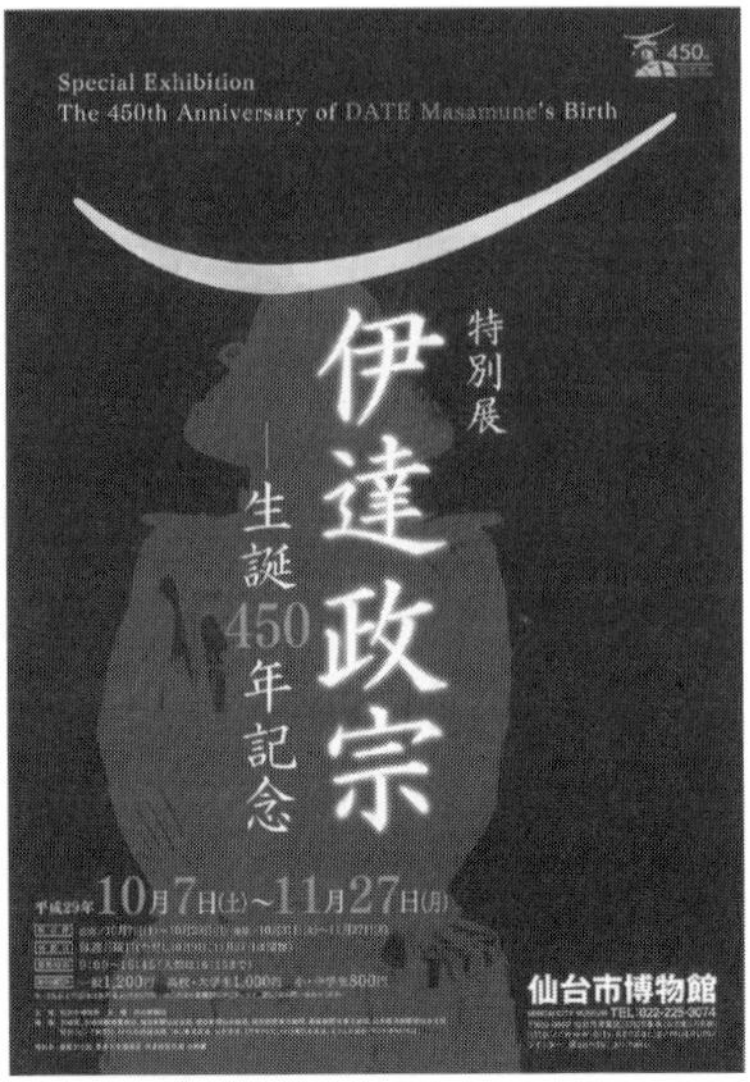

特別展「伊達政宗」A4チラシ（オモテ面）

第2章　政宗を取りまく人びと―家族と家臣たち
第3章　仙台藩主　伊達政宗―一六〇一～一六三六
第4章　政宗の素顔―武芸・文芸・趣味・嗜好
エピローグ　政宗の死とその後

主な関連イベントとして、三回の講演会を実施した。開幕日に当たる十月七日の記念講演会では、講師に池上裕子氏（成蹊大学名誉教授）を迎え、会期半ばの十月二十八日の記念講演会では、講師に高橋充氏（福島県立博物館主任学芸員）と遠藤ゆり子氏（淑徳大学准教授）を迎えた。演題はそれぞれ「伊達政宗と豊臣秀吉」「伊達政宗と奥羽の大名たち」「伊達政宗と親族―戦国時代を中心に」であった。会期後半の十一月十一日の講座では、当館主幹の高橋あけみ（美術担当学芸員）と本展主担当の佐々木（歴史担当学芸員）が講師を務めた。演題はそれぞれ「伊達政宗のファッション」「見どころ資料からみた伊達政宗」であった。いずれも定員二〇〇人に対して四〇〇人以上の応募があり、政宗という人物や彼の生きた時代・地域などに対する関心の高さがうかがわれた。

また会期中、『河北新報』の紙上で好評連載中であったマンガ『独眼竜政宗』のパネル展を開催した。作者の千葉真弓氏にご協力いただき、原画・ミニ動画などを通じて、政宗の人となりやマンガ制作の舞台裏などをご紹介いただいた。さらに、仙台を中心に活動する「奥州仙台おもてなし集団・伊達武将隊」とのコラボイベントも開催し、史実を踏まえた創作演劇や学芸員（佐々木）とのクロストークなどで盛り上げてもらった。どちらも多くの来場者で賑わい、さまざまな角度から伊達政宗を知っていただく機会を提供できたのではないかと感じている。

＊　　＊　　＊

その規模にもよるが、展覧会の開催準備は業務量も多く実に多岐にわたる。お金もかかる。企画・立案や作品選定、必要経費の予算化は、全国各地から作品を借用する大規模な展覧会であれば、どんなに遅くとも開幕予定日の二年以上前から始まっている。政宗展も同様である。開幕日が決まっているので、必要な準備を適切に終えるためのスケジュール管理が求められるが、往々にして順調には進まないため、その都度スケジュールを練り直し、何とか開幕までこぎつけることになる。

政宗展の出品交渉や作品調査の本格始動は、開幕前年の春頃からと記憶している。ストーリーや展示構成、展示作品を随時検討しながら、タイミングを見計らって作品所蔵者へ（別に保管先があるとわかっている場合には、まずは保管先へ）連絡していく。日程調整を進め、継続的に作品の下調べもしながら所蔵先（保管先）を訪問し、出品交渉や作品調査に臨む。熱意をもって展覧会の趣旨や必要性などを伝え、作品の状態や梱包・輸送時の留意点などを確認し、図録執筆・展示キャプション作成などに備えて作品の特徴をさまざまな角度から読み取る。

内諾が得られれば、帰館後に正式な出品依頼状を作成・発送し、承諾書を得る手続きに入るが、作品の状態や先方の都合などにより、こちらが望むすべてが借りられるとは限らない。しかもこうした手順は、あくまでも原則的な動き方であって、はっきり言ってしまえば対応の仕方はケースバイケースである。次々と変わる状況にバタバタと動き回ることも珍しいことではない。県指定・市町村指定の作品であれば、輸送・展示前に公開届・所在変更届の手続きも発生する。このような過程などを経て、政宗展の最終的な展示資料は、北は北海道、西は兵庫にまで及ぶこととなった。

こうした作業と並行して、展示図面を完成させていかなければならない。考えることはたくさんある。展示・紹介したい資料は展示ケースに入るのか（特に大きな資料であればどのようにケース内に入れるのか）、展示の際にはどのような演示具が必要なのか、どのように配列・展示すれば演出効果が得られ、また来場者にストーリーの理解の便が図れるのか、借用できない資料が出た場合、その穴をどう埋めるのか（埋めないのか）……。

さらに展示プランの影響は常設展にも及ぶ。当館の場合、常設展の九割以上を原資料が占め（そのため年四回、大規模な展示替えを行っている）、なかでも伊達氏や仙台藩に関する原資料が数多く展示されている。政宗関係の主な資料もそのなかで展示されるため、単純に特別展にだけ重点を置いてその期間中を通期で展示すると、作品保全の観点から常設展には展示しにくくなり、必然的に年間の常設展の内容が薄くなってしまうのである。当然それでいいはずがなく、双方をある程度充足させるプランが必要となる。こうして他の学芸員とも調整して、さらに館内での了解も得ながら、試行錯誤を重ねて図面は構成されていく。

通常、当館の特別展は四つの展示室で開催する場合が多いが、政宗展では常設展スペースを一部削って五つの展示室で開催する形となった。それは展示資料が、前期・後期それぞれで約二〇〇件となり、かなり多くなったからである。そのため観覧者に飽きが来る可能性も想定されたことから、大きくて比較的見映えのする資料（屏風絵や甲冑、陣羽織、大きな絵図など）と小さくて見た目が地味な資料（古文書や冊子類など）を、一定の割合で交互に配してなるべくメリハリをつけるよう心懸け、展示レイアウト上の工夫を凝らすことになった。

＊　＊　＊

開催年度に入ってくると、秋開催の展覧会の準備は一層加速する。広報物（ポスター・チラシなど）や観覧券・割引券などの印刷物制作業者の選定と制作、共催・名義後援の承諾を得るための手続き、展示輸送業者や会場造作業者、図録制作作業者の選定も行われる。それぞれの業者選定にはそのための役所内、または館内の手続きと入札が行われる。図録制作（構成立案、原稿執筆、写真撮影など）の作業自体も本格化する。

通常、開幕の一か月から二週間ほど前に始まる作品集荷は、政宗展では図録用の写真撮影などのために、二か月以上前の七月後半から開始した。それ以前に借用予定の全作品に保険を掛け、作品点検用の調書を作成して、私と前述の高橋の二人でまずは北海道へと乗り込んだ。はじめに、所蔵者とわれわれ借用側の学芸員による作品の点検を行う。次いで、その二者の立ち会いの下で、文化財の梱包・輸送・展示を専門に行う作業員が梱包作業を進め、美術品専用車へと積み込み、輸送中に転倒・移動などしないよう、しっかり固定した上で輸送を開始するのである。学芸員は必ずこれに同乗して、博物館内への搬入まで無事を見届ける役割を果たす。この時は私が同乗した。函館―青森間をフェリーで渡り、仙台へ向かう途中で北東北の作品を借用するため、何か所かの所蔵者の元を訪問して作品の点検・梱包を繰り返し、四日後に博物館に無事到着、収蔵庫内にしっかり保管できたところで、ようやく安堵のひときが訪れることとなる。

本格的な作品集荷は九月中旬からであった。残りの借用先エリアを南東北、関東、東海、関西の四ブロックに分け、計六人の学芸員で手分けして作業は行われた。私は関西ブロックを担当した。大阪・奈良・京都の各所で点検・梱包を終え、私とそれら作品群を載せた美術品専用車は、途中、東海地方と関東地方で点検・梱包された作品群を拾い上げて積み込み、最後に東北自動車道を北上して博物館へと無事到着した。南東北の作品集荷は、さらに宮城県内と山形・福島の二班に分かれて行った。以上の作業を一週間かけて行い、次いで約一週間かけて一部の作品を燻蒸する。その一方で、仕上げた展示図面に沿って移動型展示ケースを所定の位置に移動させ、展示キャプションやパネル類の作成、演示具・看板類の設置、会場造作などもおおよそ完了させていく。こうしていよいよ展示作業へと突入することになるのである。

作品の展示作業は十月二日から行われた。私を含む三人の歴史担当学芸員と六人の美術担当学芸員が手分けして当たり、梱包・輸送を担った前述の専門作業員らと息を合わせて行っていく。展示図面があるとはいえ、その場の判断でプランを急遽変更することもある。所蔵者による展示指導・立会いが必要な作品もある。政宗展では総勢一五人前後、場合によっては会場造作業者も出入りするため、二〇人程度の人員が特別展会場内を同時に動いて作業を進めていった。そのため各自がお互いを意識し、緊張感をもってそれぞれの作業に向かうよう心懸ける。常に作品・人員に事故のないように行動し、かつ開幕日に間に合うよう効率的に作業しなければならないからである。

十月五日までの四日間でおおよその作品展示を終えると、開幕前日にはライティングや展示ケースの警報確認、作品展示の微調整を行う。さらに閉館後には、チケット受付や監視などを担う会場スタッフへの展示解説、注意事項の伝達を行い、常設展で展示していた作品を展示替えして、特別展会場へ移動させる作業も進める。こうして政宗展は、ようやく開幕を迎える段階にいたるのである（展示内容は後述する）。

以上すべての作業の間隙を縫って、新聞・雑誌・テレビ・ラジオ・WEB（館HPなど）・SNSなど、広報に関わる記事の作成・校正が館内外で頻繁に繰り返されることになる。担当学芸員は関連するものすべてに目を通す。さらに、会場スタッフや警備員の手配、開会式や内覧会の準備なども一方で進行している。

展覧会を担当する学芸員は、一人の研究者でありながらディレクター・プロデューサーでもある、としばしば形容されることがある。上述のように実に多くの、しかも多岐にわたる作業を担当学芸員だけでこなすことは、他の業務のことも考えると現在は相当に難しい。そのため担当学芸員は、自ら調査や原稿執筆、講演などを行う一方で、企画・立案はもとより予算をにらみながら采配を振って、他の学芸員や同僚、上司にも協力を依頼し、また業務委託を受けて館の運営をさまざまな角度から支える職員とも連携を図りながら、自らが中心となってすべての作業をオーソライズすることで、ようやく展覧会は形を成していくのである。しかしそれは逆に、展覧会とは博物館で働くすべてのスタッフの協力なしには成り立たないものである、ともいえるであろう。

展覧会が開幕すると、展示替えの準備や展示解説・講演会への対応、観覧者への質問対応、マスコミ対応、会場の巡回など、会期中に必要な動きを進めると同時に、閉幕に向けた準備も始まる。展覧会が終われば、作品撤去と常設展の復帰、作品返却の旅が待っている。さらに国指定（国宝・重要文化財）の作品については、文化庁へ公開届を提出する手続きも行う。作品の返却がすべて終わって帰宅し、自宅の布団に入った時、本当に気の休まる時間が訪れる。政宗展が終わりを告げたと思える瞬間である。

＊　　＊　　＊

最後に、このような過程の中で創り上げてきた展示内容の特色を紹介して終わりとしたい。

まずは、政宗を描いた江戸時代の主要な肖像画を冒頭でまとめて展示し、彼の人物像を風貌からたどるようすがとしたことが挙げられる。一般的には右目に眼帯をつけた政宗のすがたがよく知られているが、江戸時代の肖像にそうした例はなく、映画やテレビ、アニメ、ゲームなどで広がったイメージであることも併せて紹介した。豊臣秀吉との出会いが政宗のその後の人生を左右したことの象徴として、これら政宗の肖像画群と秀吉の木像・甲冑を対峙するように展示できたことも、会場演出の面での特色の一つであろう。

展示風景　伊達政宗（中央）・伊達成実（右）・片倉小十郎（左）の「黒漆五枚胴具足」とそれぞれの家の旗

借用条件の関係で開幕から二週間のみであったが、関ケ原合戦の当日にその勝利を政宗へ速報した「徳川家康書状」（天理大学附属天理図書館蔵）と、その情報をすぐさま重臣らへと伝えた「伊達政宗書状」（当館蔵）、大画面に生々しく戦場の様子を描き出す重要文化財「関ケ原合戦図屏風」（大阪歴史博物館蔵）、そして徳川家康所用とされる「熊《くま》毛《げ》植《うえ》黒糸《くろいと》威《おどし》具《ぐ》足《そく》・水牛《すいぎゅう》角《つの》脇立《わきだて》熊《くま》毛《げ》植《うえ》頭《ず》形兜《なりかぶと》」（徳川美術館蔵）を一堂に展示できたことは、歴史の現場や当事者たちの様子を臨場感をもって伝える上で非常に有効であったと考えている。歴史担当の学芸員としても貴重な体験であった。

本展では、政宗を取りまく主要な家臣と家族も紹介しているが、そのなかでは、伊達政宗・伊達成実・片倉小十郎の「黒《くろ》漆《うるし》五《ご》枚《まい》胴《どう》具足」（重要文化財の政宗具足、片倉具足は当館蔵、成実具足は北海道伊達市教育委員会蔵）をそろえて展示できたことも大きかった。当館では実に三十年ぶりの展示であったからである。そしてこれらとともに、それぞれの家の旗と刀を近接した空間で展示し、少しでも迫力を出そうと努めた。特に政宗が秀吉から拝領した愛刀「鎺《はばき》国行」（当時は個人蔵、現在は当館蔵）は、当館では初めての展示であり、貴重な機会を創り出せたのではないかと感じている。

政宗が主導した仙台藩政については、仙台城の築城や城下町の建設、新田開発、寺社の造営・再興など、主要な政策に絞って紹介したが、なかでも慶長遣欧使節の派遣に関わる「ソテロ・文倉のローマ教皇謁見図」（アマーティ著

『伊達政宗遺使録』ドイツ語版所収、当館蔵）は、偶然に恵まれて展示にいたった貴重な資料である。日本国内では二例目、実に八十五年ぶりに発見された稀覯《きこう》本の挿図であり、たまたま前年にその存在が確認され、どうにか予算措置ができて購入し、展示にこぎつけられたのである。その他にも、きらびやかな画面に江戸城とその城下を描き出す「江戸図屏風」（国立歴史民俗博物館蔵）は、当館としては念願の初展示となった。政宗が実際に過ごした江戸の上屋敷などが描かれており、政宗の後半生を知る上で必見と言える作品でもある。

後藤又兵衛基次所用とされる「日月竜文蒔絵《じつげつりゅうもんまきえ》仏胴《ほとけどう》具足」（大阪城天守閣蔵）にも触れておきたい。後藤又兵衛は、家康が豊臣秀頼を攻めた大坂の陣における豊臣方の勇将として知られるが、政宗が最後に経験した合戦である夏の陣において伊達氏の軍勢に討たれ、最期を遂げた。いわば敗軍の将である彼の具足が政宗展で紹介されるのは政宗の引き立て役に回ることにもなり、心中さぞ嫌であろうとも慮ったが、歴史の明暗を理解してもらう上で、あえて展示させてもらった。後藤又兵衛には、この場を借りて感謝の気持ちを捧げたい。

政宗は、仙台藩六二万石の基礎を築いた有能な為政者であったが、文化人としてもその名を知られた。本展では、政宗と茶の湯の深い関わりを示す重要美術品「唐物肩衝茶入　山井」（静嘉堂文庫美術館蔵）など、貴重な作品を通じて彼の嗜みを紹介し、さらに日常的な生活の様子にも触れたが、「伊達政宗自筆献立」（個人蔵）はその一端を垣間見せる興味深い資料である。政宗は、生涯のうちに数多くの書状を自筆でしたためた「筆まめ」な武将といわれ、今なお多くの自筆文書が残されている。また彼は、毎朝・毎夕の献立に事前に目を通し、気に入らないところは直させたなどのエピソードを有する、こだわりの「料理心」をもっていた人物でもあった。この二つの特徴を併せもつ同文書は、ぜひ展示したかった、私のこだわりの文書の一つでもあった。しかも、宮城調理製菓専門学校が同文書をもとに復元した料理の写真も借用・展示でき、文字資料の可視化を図る意味でもその意義は小さくなかったと思われる。

なお、南奥羽の戦乱や仙台城・仙台城下、政宗家臣に関する館蔵の文書や絵図、屏風の一部は、展示スペースの関係から特別展に出せなくなってしまい、常設展示において紹介することとなった。特別展担当者としては実は苦肉の策ではあったが、結果的に常設展示を充実させることができ、合わせ技でうまく切り抜けられたように思う。しかし、それでもまだ出し切れなかった館蔵資料は多くあり、仙台市博物館が六十年近い歴史のなかで蓄積してきた「伊達政宗コレクション」の奥深さを痛感しつつ、どの資料を削ぎ落とすのかという葛藤と戦いながらの展示となった。

以上、政宗展ができるまでの経緯を中心に駆け足で紹介してきた。本展の内容をもっと詳しく知りたい方は、図録が仙台市博物館ミュージアムショップで販売されている（一冊二二〇〇円・税込み）。ぜひお手にとっていただければ幸いである。また末筆ながら、本展の開催に当たり種々ご協力いただいた多くの関係者の皆さま、そして当館で働くすべてのスタッフに感謝の意を表して結びとしたい。

付録　伊達政宗関係年表・系図・地図

（仙台市博物館　特別展図録『伊達政宗―生誕４５０年記念』二〇一七年をもとに作成）

伊達政宗関係年表

凡例：「齢」欄は政宗の年齢(数え年)、「事項」欄の＊は関連事項。

年次	西暦	齢	事項
永禄10	一五六七	1	8月3日 米沢城(山形県米沢市)に誕生。父は伊達輝宗、母は山形城主最上義守の息女義姫。童名梵天丸。
永禄11	一五六八	2	＊9月26日 織田信長、足利義昭を奉じて入京。
元亀3	一五七二	6	7月7日 虎哉宗乙、米沢の資福寺の住職となる。
天正元	一五七三	7	＊7月 織田信長、足利義昭を追放。室町幕府滅亡。
天正5	一五七七	11	11月15日 元服。政宗と称する。 12月5日 祖父晴宗死去(59歳)。
天正7	一五七九	13	冬 三春城主田村清顕の息女愛姫を正室に迎える。
天正9	一五八一	15	5月上旬 父輝宗に従い相馬氏と戦う(初陣)。
天正10	一五八二	16	3月下旬 父輝宗とともに杉目(福島県福島市)に赴き、蘆名・二階堂・田村三氏の和睦を斡旋する。 4月上旬 輝宗に従い相馬氏を討つ。 ＊6月2日 本能寺の変。 8月 輝宗とともに諸所に転戦。
天正12	一五八四	18	春 輝宗とともに相馬氏を攻める。 5月下旬 相馬氏と和睦。 10月 父輝宗より家督を譲られる。 冬 安達郡小浜城主大内定綱、米沢に参向する。
天正13	一五八五	19	4月 大内定綱、蘆名氏を頼って叛く。 5月 蘆名氏を攻め耶麻郡檜原を奪う。 ＊7月11日 豊臣秀吉、関白となる。 閏8月 大内定綱の支城安達郡小手森を攻略。 9月25日 定綱、敗走。 10月6日 安達郡二本松城主畠山義継、投降する。 10月8日 父輝宗、義継に捕らえられて横死(42歳)。 11月17日 安達郡人取橋において佐竹・蘆名氏らの連合軍と戦う。 安達郡小浜城で越年。
天正14	一五八六	20	3月以前 左京大夫を称する。 7月16日 畠山氏敗走。二本松城を収める。 8月上旬 米沢城に帰る。
天正15	一五八七	21	9月10日 豊臣秀吉に馬を献じる。 10月14日 鮎貝宗信、最上義光に通じて叛く。政宗、直ちに鎮圧する。 この年 大内定綱の来降を許す。
天正16	一五八八	22	正月17日 大崎氏攻撃のため兵を出す。 2月2日 政宗の兵、大崎氏を攻めて大敗。 閏5月 田村氏をめぐり相馬義胤と争う。 6月 郡山において佐竹・蘆名氏らと戦う。 7月18日 佐竹・蘆名氏らと和睦。 7月27日 大崎・最上両氏と和睦。
天正17	一五八九	23	5月19日 相馬氏の駒ヶ峯城・新地蓑頸山城を攻め、同21日に落とす。 6月5日 蘆名義広を磐梯山麓摺上原に破る。 6月11日 会津黒川城に入る。 7月4日 豊臣秀吉、上杉景勝・佐竹義重に政宗討伐を命じる。 7月26日 白川義親と同盟を結ぶ。 9月3日 上郡山仲為を派遣して秀吉に蘆名氏討伐のことを弁明。 10月26日 須賀川城を落とす。二階堂氏滅亡。 11月4日 石川昭光、麾下に属する。 11月27日頃 岩城常隆と講和。 12月1日 黒川城に帰る。
天正18	一五九〇	24	2月～3月 豊臣秀吉家臣らの小田原参陣勧告書を受け取る。 4月3日 秀吉、小田原城を攻囲する。 5月9日 黒川城を立つ。6月5日 小田原に着く。 6月7日 秀吉の使者浅野長政らに問責される。こ

			の頃、会津・安積・岩瀬を没収される。 6月9日 秀吉に謁する。 6月25日 黒川城に帰着。 ＊7月5日 小田原落城。 7月10日頃 米沢城に移る。 7月28日 宇都宮において秀吉に謁する。 8月9日 秀吉、黒川城に入り、翌日、奥羽仕置の掟書を出す。 10月16日 葛西・大崎一揆勃発。 10月26日 一揆平定のため米沢城を立つ。 11月16日 大崎に侵攻。
天正19	一五九一	25	閏正月27日 清洲(愛知県清洲市)において豊臣秀吉に謁する。 2月4日 入京。 2月上旬 長井・信夫・伊達・田村・刈田・安達を没収され、葛西・大崎地方を与えられることが決定する。 2月12日 侍従に任じられ越前守を兼ね、羽柴姓を許される。 5月20日 米沢に帰着。 6月20日 秀吉、九戸一揆と葛西・大崎一揆平定のために奥羽再仕置軍の派遣を決定。 7月3日 佐沼城を落とす。 8月6日 葛西・大崎一揆終結。 9月23日 岩出山(宮城県大崎市)に移る。
文禄元	一五九二	26	正月5日 豊臣秀吉の朝鮮出兵のため岩出山を立ち京都に向う。 3月17日 京都を立ち名護屋(佐賀県唐津市)に向け出陣。 4月下旬頃 名護屋に着く。
文禄2	一五九三	27	3月22日 名護屋を出船。4月13日 釜山に上陸。 6月28日 諸将とともに晋州城を攻略する。

			9月12日 釜山を出船。9月18日 名護屋に帰陣。 閏9月中旬 京都に帰着。 閏9月30日 従四位下に叙される。
文禄3	一五九四	28	2月29日 豊臣秀吉の吉野観桜に随行し歌会の席に列する。この後、秀吉に従って高野山へ入る。 11月4日 母義姫、岩出山を出奔して山形へ向かう。
文禄4	一五九五	29	4月 京都を立つ。7月15日 岩出山に帰着。 ＊7月15日 豊臣秀次自刃(28歳)。 7月下旬 岩出山を立ち上方に向かう。 8月上旬 大坂に着く。豊臣秀吉の審問を受ける。 8月24日 秀吉、政宗を許す。 この頃 領内検地を行う。
慶長元	一五九六	30	閏7月13日 慶長伏見地震。伏見城(指月城)が倒壊。 この年 前年よりの伏見城(指月城)普請に引き続き、木幡山への再建の普請課役をつとめる。
慶長2	一五九七	31	この冬 右近衛権少将に任じられる。
慶長3	一五九八	32	＊8月18日 豊臣秀吉死去(63歳)。 この年 秀吉の遺品として鎬藤四郎の脇差を受ける。
慶長4	一五九九	33	正月中旬 長女五郎八姫と徳川家康の六男松平忠輝の婚約が成立。 4月5日 徳川家康に同盟を誓う。
慶長5	一六〇〇	34	＊5月3日 徳川家康、諸大名に上杉景勝征討を令する。 6月14日 景勝を討つため大坂を立ち、帰国の途につく。 7月25日 景勝の支城白石城(宮城県白石市)を落とす。 ＊9月15日 家康、石田三成らの軍を関ケ原に破る。 9月中旬 上杉軍、最上領へ侵攻。政宗、最上氏に援軍を送る。 10月 福島城などを攻める。 12月24日 仙台城普請の縄張始めを行う。

慶長6	一六〇一	35	正月11日 仙台城の普請を開始する。 4月14日 仙台城に入る。 9月1日 漆植付の掟を出す。 9月10日 仙台を立ち、江戸を経て、10月上旬、伏見に着く。 この年 近江国に五千石の地を安堵される。 この年 徳川家康、江戸屋敷を与えると約する。 この年 刈田郡を与えられ奥州六十万石が確定する。
慶長7	一六〇二	36	10月上旬 伏見を立ち江戸に向かう。 12月30日 片倉景綱を亘理から白石城へ移し、伊達成実を亘理に入れる。 この年 伊達郡の亀岡八幡宮を仙台に移す。 この頃 岩出山から伊達家家臣や町人が仙台城下へ移住。
慶長8	一六〇三	37	正月 正室田村氏（愛姫）・嫡子虎菊丸（忠宗）、伏見より江戸へ移る。 ＊2月12日 徳川家康、征夷大将軍となる。 2月 江戸城下の整備と水路開削を課される。 8月 江戸を立ち仙台に着く。
慶長9	一六〇四	38	閏8月上旬 仙台より江戸に着く。 12月15日 松島五大堂造営成る。
慶長10	一六〇五	39	2月16日 徳川秀忠上洛の先駆として江戸を立つ。 3月23日 伏見に着く。 ＊4月16日 秀忠、征夷大将軍となる。 5月29日 京都を立つ。6月14日 江戸へ着く。 7月上旬 江戸を立つ。同中旬、仙台に帰着。 12月20日 領内荒地の検地を令する。
慶長11	一六〇六	40	3月3日 常陸国（茨城県）に一万石を加増される。 5月5日 仙台城下へ町の掟を出す。 11月 仙台より江戸へ参府。 12月24日 長女五郎八姫、松平忠輝に嫁する。 12月頃 徳川秀忠、江戸屋敷に御成り。
慶長12	一六〇七	41	正月5日 重臣の屋代景頼を改易追放する。 2月14日 再び領内検地を令する。 2月25日 徳川家康、江戸屋敷に御成り（『貞山公治家記録』は2月8日とする）。 閏4月 江戸城堀普請を課される。 6月20日 塩竈神社造営成る。 8月12日 大崎八幡宮造営成る。 10月24日 国分寺薬師堂造営成る。
慶長13	一六〇八	42	2月1日ヵ 江戸を立ち仙台に向う。 9月 家臣の知行割に着手。12月に終了。 この年 松平姓を許され陸奥守に任じられる。
慶長14	一六〇九	43	3月26日 松島瑞巌寺の上棟式を行う。 4月頃 仙台を立ち江戸へ至る。 5月23日 早井弥五郎を鋳物師頭に任命する。 7月6日 江戸を立ち仙台へ向かう。 8月18日 鉄砲組の演武を観る。
慶長15	一六一〇	44	3月 仙台より江戸に参府。 4月4日 徳川秀忠、江戸屋敷に御成り。 5月11日ヵ 江戸を立つ。同14日 駿府に着く。同25日 駿府を立ち江戸へ向かう。 10月16日 秀忠、江戸屋敷に御成り。 この年 仙台城大広間造営成る。
慶長16	一六一一	45	3月6日 これより7月10日まで江戸城西丸造営の課役をつとめる。 5月9日 上杉氏との人返しの覚書を作成。 5月14日 江戸を立ち仙台に向かう。 10月6日 ソテロおよびビスカイノと仙台城で面会。 10月14日 ソテロにキリスト教の布教を許す。 10月28日 大地震。津波により仙台藩領内で溺死者1783名。 11月11日 仙台より江戸に着く。 12月13日 嫡子虎菊丸元服。忠宗と称し従五位下美

			作守に叙任される。
慶長17	一六一二	46	正月5日 政宗ら十一名の東国大名、幕府へ三か条の誓書を提出。 2月27日 江戸から駿府に着く。その後、3月以降に仙台へ帰る。 8月7日 相馬氏との人返しの覚書を作成。 12月5日 寄合所の掟を出す。 12月10日 仙台を立つ。同21日 江戸に着く。 12月12日 内裏・仙洞修築の普請始め。政宗も課役をつとめる。
慶長18	一六一三	47	3月28日 徳川秀忠、江戸屋敷に御成り。 4月5日 江戸を立つ。同9日 駿府に着く。同21日 江戸に帰着。 7月10日 江戸を立つ。同17日 仙台に着く。 9月15日 ソテロ・支倉六右衛門（長経、または常長）ら一行、牡鹿半島月浦（宮城県石巻市）を出帆（慶長遣欧使節）。 ＊12月19日 幕府、キリスト教を禁止。
慶長19	一六一四	48	3月16日 仙台を立つ。同21日 江戸に着く。 4月1日 高田城（松平忠輝の居城）築城のため江戸を立つ。同8日 越後府中（新潟県上越市）に着く。 7月17日頃 越後府中を立つ。同28日 仙台に着く。 9月2日（西暦10月5日） 支倉らスペイン本土に上陸する。 ＊10月1日 徳川家康、大坂征討を発令。（大坂冬の陣） 10月10日 仙台を出馬。同16日 江戸に着く。 10月20日 江戸を出馬。 11月10日 入京。 11月中旬 大坂城を包囲する徳川軍に合流。 12月20日 大坂冬の陣、和睦成る。 12月28日 長男秀宗、伊予国に十万石を与えられる
			（宇和島藩）。
元和元	一六一五	49	正月23日 大坂城垣堀普請役を終え、翌日、京都に入る。 3月6日 京都を立つ。同21日 江戸に着く。 ＊4月6日 徳川家康、大坂再討を令する。（大坂夏の陣） 4月9日 江戸を出馬。同21日 入京。同28日 京都を出陣。 5月5日 河内国府（大阪府藤井寺市）に布陣。先鋒片倉隊は道明寺口に着陣。 5月6日～7日 大坂方と合戦。 ＊5月8日 大坂落城。豊臣氏滅亡。 閏6月19日 正四位下参議に叙任される。 7月23日 京都を立つ。8月7日 江戸に着く。 8月28日 江戸を立つ。9月5日 仙台に着く。 9月12日（西暦11月3日） ソテロと支倉、ローマ教皇パウルス五世に政宗の書翰を呈する。 9月21日 江戸上屋敷・本屋敷焼失。
元和2	一六一六	50	2月10日 徳川家康を見舞うため、仙台を立ち駿府に向かう。 2月22日 駿府着。 4月4日 駿府を立つ。同9日 江戸に着く。 ＊4月17日 徳川家康死去（75歳）。 5月4日 江戸を立つ。同11日 仙台に着く。 7月6日 松平忠輝改易される。こののち忠輝夫人（五郎八姫）、政宗のもとに戻る。
元和3	一六一七	51	2月18日 江戸を立つ。同25日 仙台に着く。 5月16日 参勤のため仙台を立つ。途中日光社（東照宮）に参詣、鉄灯籠を献じる。同24日 江戸に着く。 6月6日 将軍秀忠上洛の供奉として江戸を立つ。 6月21日 京都に着く。

元和4	一六一八	52	12月13日 忠宗、秀忠の養女振姫と結婚する。 閏3月26日 江戸を立つ。4月4日 仙台に着く。 4月18日 領内北部諸郡の巡察に出発。5月22日 仙台城に帰る。 5月28日 五男宗綱死去(16歳)。 6月24日 桑・漆など植付の掟を出す。 8月28日 検地奉行へ掟を出す。
元和5	一六一九	53	3月18日 仙台を立つ。同25日 江戸に着く。 3月22日 竹伐取の禁制を出す。 4月26日 将軍秀忠上洛の先駆として江戸を立つ。 5月16日 京都に着く。 ＊6月 安芸国広島城主福島正則、改易される。 9月28日 京都を立つ。 10月13日 江戸に着く。 冬 秀忠、江戸屋敷に御成り。
元和6	一六二〇	54	4月2日 仙台城下火災。 4月16日 江戸を立つ。同24日 仙台に着く。 4月20日 江戸城二の丸石垣普請始め。 10月 普請終わる。 8月26日(または24日) 支倉六右衛門が仙台に帰着。同日、領内でのキリスト教禁止を決める。 9月1日 漆・桑など植付の掟を出す。 9月12日 長女五郎八姫、江戸を立ち同21日仙台に着く。これ以後、仙台城西館を居所とする。 10月頃 長男秀宗を勘当する。
元和7	一六二一	55	正月23日 江戸で火災。上屋敷・本屋敷焼失。 4月 仙台藩、盛岡藩と人返しの協約を結ぶ。 8月6日 漆・桑など植付の掟を出す。 8月16日 掟を出して百姓の還住をはかる。 8月20日 仙台を立つ。同28日 江戸に着く。 10月 長男秀宗の勘当を解き、関係修復。
元和8	一六二二	56	8月 山形城主最上義俊除封。こののち幕命によりその城地の一部の収容にあたる。 9月 母最上氏(保春院)を山形より仙台に移す。 10月16日 江戸を立つ。同24日 仙台に着く。
元和9	一六二三	57	4月17日 仙台を立つ。同25日 江戸に着く。 5月16日 忠宗とともに将軍秀忠上洛の供奉として江戸を立つ。 6月8日 京都に着く。 7月16日 母保春院死去(76歳)。 ＊7月27日 徳川家光、征夷大将軍となる。 9月3日 京都を立つ。同20日 江戸に着く。 12月21日 秀忠、江戸屋敷に御成り。
寛永元	一六二四	58	2月20日 将軍家光、初めて江戸屋敷に御成り。 4月15日 江戸を立つ。同22日 仙台に着く。 6月23日 忠宗、越前守に任じられる。
寛永2	一六二五	59	4月11日 仙台を立つ。同20日 江戸に着く。 5月23日 忠宗、江戸より仙台に着く(初入国)。 11月15日 秀忠、政宗に後事を託す。
寛永3	一六二六	60	閏4月3日 訴訟の掟を出す。 5月20日 忠宗とともに八男宗高を伴い、大御所秀忠上洛の先駆として江戸を立つ。6月19日 京都に着く。 8月17日 宗高、京都で死去(19歳)。 8月19日 従三位権中納言に叙任される。 9月26日 細川家より香木を買い求め、柴舟と名付ける。 10月16日 京都を立つ。同30日 江戸に着く。 11月10日 江戸を立つ。同20日 仙台に着く。 この年 北上・迫・江合三川の合流工事が成る。
寛永4	一六二七	61	2月23日 幕府、若林城の造営を許す。 5月24日 知行割に関する掟を出す。 8月8日 六男宗信死去(25歳)。 12月13日 仙台を立つ。同21日 江戸に着く。

寛永5	一六二八	62	3月12日 大御所秀忠、江戸屋敷に御成り。 3月26日 将軍家光、江戸屋敷に御成り。 11月1日 江戸を立つ。同12日 仙台に着く。 11月16日 若林城へ移る。 11月18日 江戸城石垣の普請を命じられる。
寛永6	一六二九	63	7月28日 江戸城普請の課役終わる。 8月20日 年貢・夫役などに関する掟を出す。 11月30日 若林を立つ。 12月9日 江戸に着く。 この頃 仙台城下の四ツ谷堰の普請成る。
寛永7	一六三〇	64	4月6日 将軍家光、江戸屋敷に御成り。 4月11日 大御所秀忠、江戸屋敷に御成り。 11月14日 江戸を立つ。同30日 若林に着く。
寛永8	一六三一	56	5月15日 元和6年に始まった相馬家との山境相論が幕府裁定により決着する。 6月26日 公用の路銭・駄賃の掟を出す。 8月21日 大御所秀忠の病気見舞のため江戸に向け若林を立つ。幕府の制止により下野国喜連川から引き返す。9月3日 若林に帰着。 9月18日 仙台城下、洪水。 11月12日 仙台を立つ。同22日 江戸に着く。 11月14日 木綿小売商人に掟を出す。 11月27日 秀忠を見舞う。
寛永9	一六三二	66	*正月24日 徳川秀忠死去(54歳)。 正月28日 馬売買に関する掟を出す。 7月3日 百姓課役に関する掟を出す。
寛永10	一六三三	67	3月24日 江戸を立つ。4月3日 仙台に着く。
寛永11	一六三四	68	2月24日 仙台城下火災。 3月19日 仙台を立つ。同27日 江戸に着く。 6月2日 四男宗泰を伴い、将軍家光上洛の先駆として江戸を立つ。 6月19日 途中で合流した忠宗とともに入京。 7月22日 三男宗清死去(35歳)。 8月2日 近江国に五千石を加増され、仙台藩六十二万石が確定する。 8月19日 京都を立つ。9月4日 江戸に着く。
寛永12	一六三五	69	正月28日 江戸城二の丸において将軍家光を饗する。 6月29日 江戸を立つ。7月9日 若林に着く。
寛永13	一六三六	70	正月8日 江戸城普請課役を命じられる(のち政宗の死により免除)。 2月24日 幕府より銀千貫目を借用する。 4月20日 病をおして若林を立つ。日光を経て、同28日 江戸に着く。 5月21日 将軍家光、政宗を見舞う。 5月24日 死去。 6月4日 政宗の遺骸、仙台経ケ峯に埋葬される。 6月23日 葬儀。これに先立ち石田将監与純ら15人殉死する。
寛永14	一六三七		5月24日 高野山奥の院に一周忌追善の石造五輪塔が造立される。 10月24日 経ケ峯に前年秋起工の廟宇瑞鳳殿が落成。

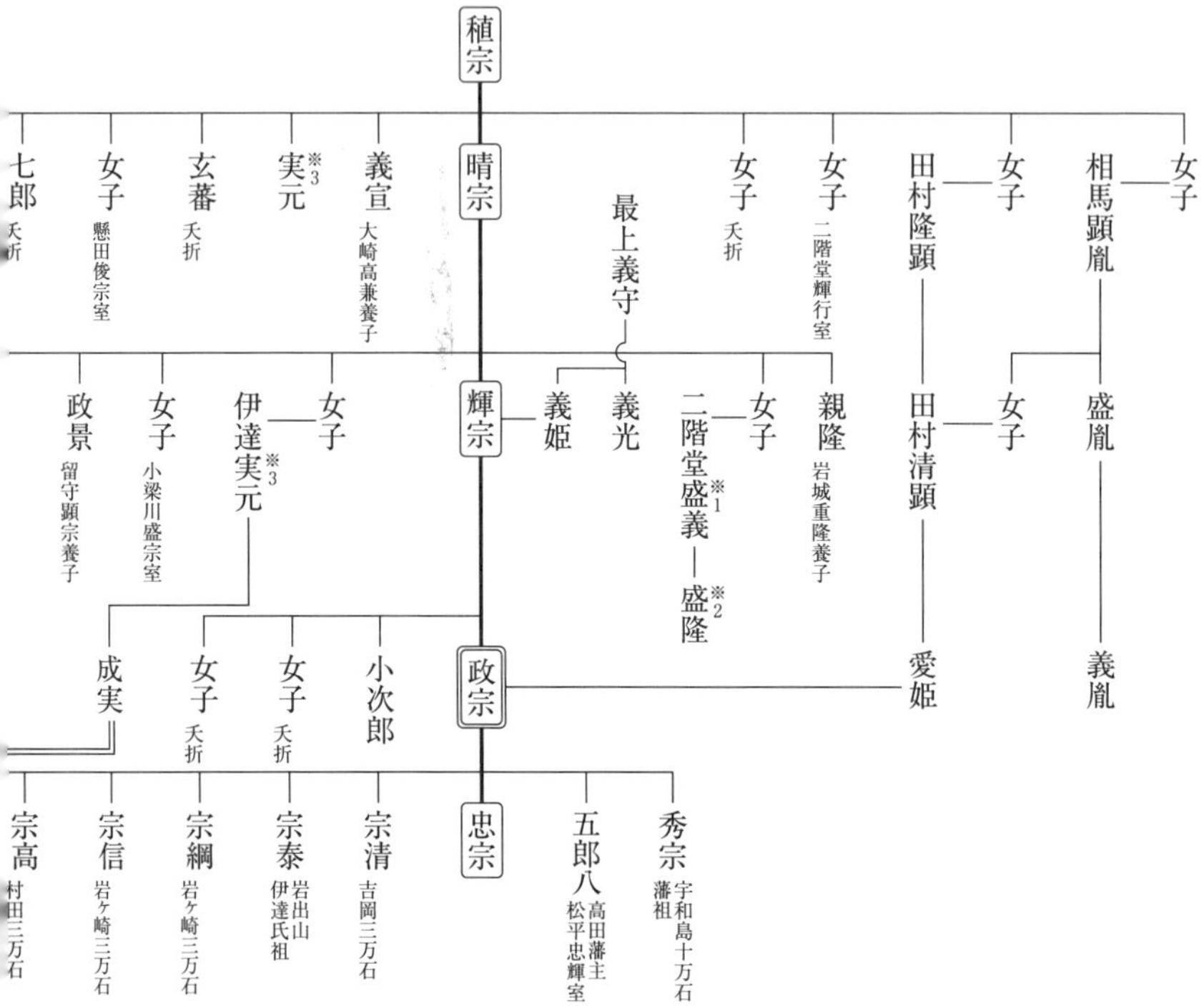
稙宗
晴宗
七郎 夭折
女子 懸田俊宗室
玄蕃 夭折
実元※3
義宣 大崎高兼養子
女子 夭折
女子 二階堂輝行室
田村隆顕
女子
相馬顕胤
女子
最上義守
輝宗
政景 留守顕宗養子
女子 小梁川盛宗室
伊達実元※3
女子
義姫
義光
二階堂盛義※1
盛隆※2
女子
親隆 岩城重隆養子
田村清顕
女子
盛胤
成実
女子 夭折
女子 夭折
小次郎
政宗
愛姫
義胤
宗高 村田三万石
宗信 岩ヶ崎三万石
宗綱 岩ヶ崎三万石
宗泰 岩出山伊達氏祖
宗清 吉岡三万石
忠宗
五郎八 高田藩主松平忠輝室
秀宗 宇和島十万石藩祖

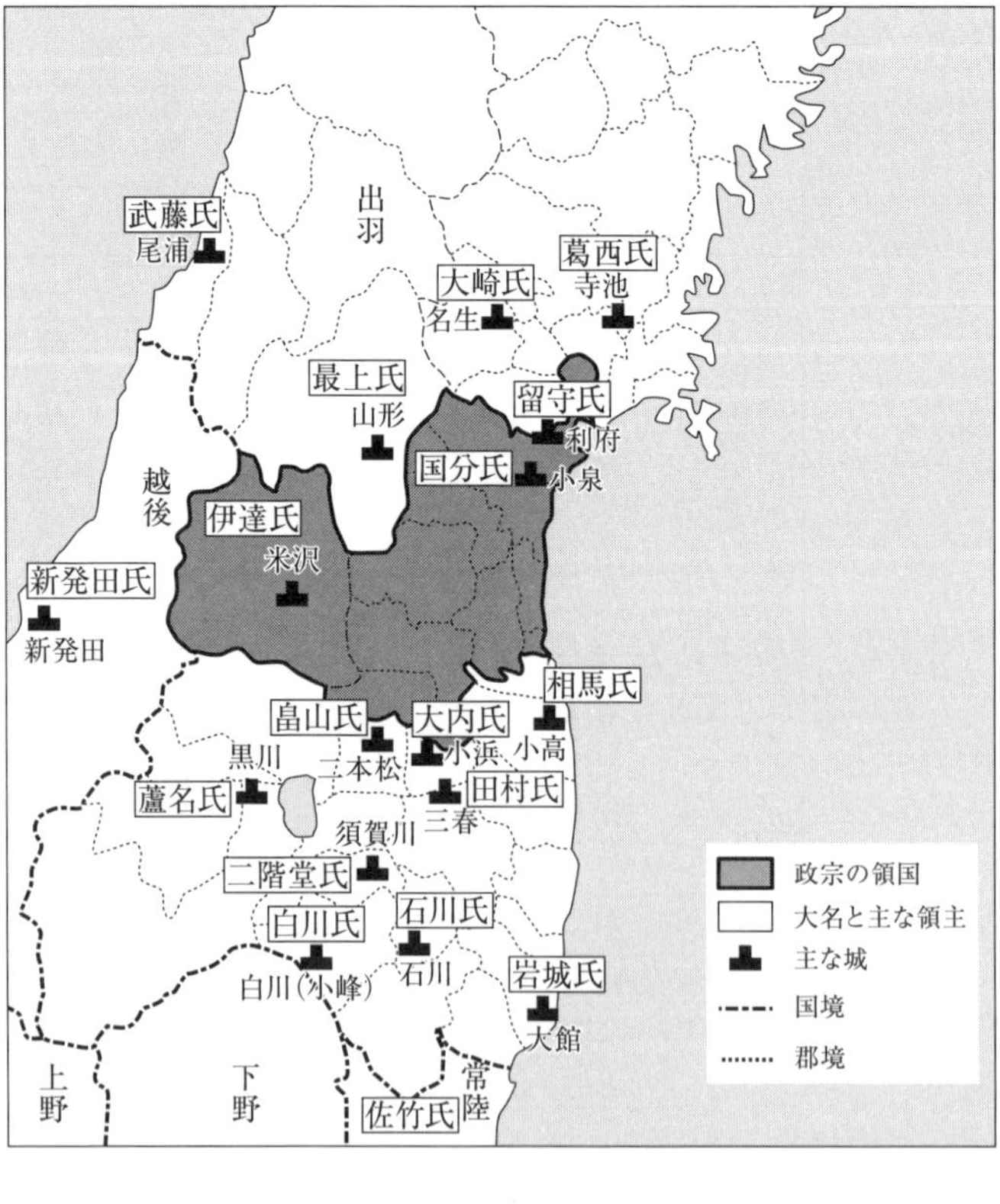
出羽
武藤氏
尾浦
大崎氏
名生
葛西氏
寺池
最上氏
山形
留守氏
利府
国分氏
小泉
越後
伊達氏
米沢
新発田氏
新発田
相馬氏
小高
畠山氏
二本松
大内氏
小浜
黒川
蘆名氏
田村氏
三春
須賀川
二階堂氏
白川氏
白川（小峰）
石川氏
石川
岩城氏
大館
上野
下野
常陸
佐竹氏
政宗の領国
大名と主な領主
主な城
国境
郡境

南東北の戦国大名と主な領主
伊達政宗が家督を継いだ天正十二年（一五八四）頃

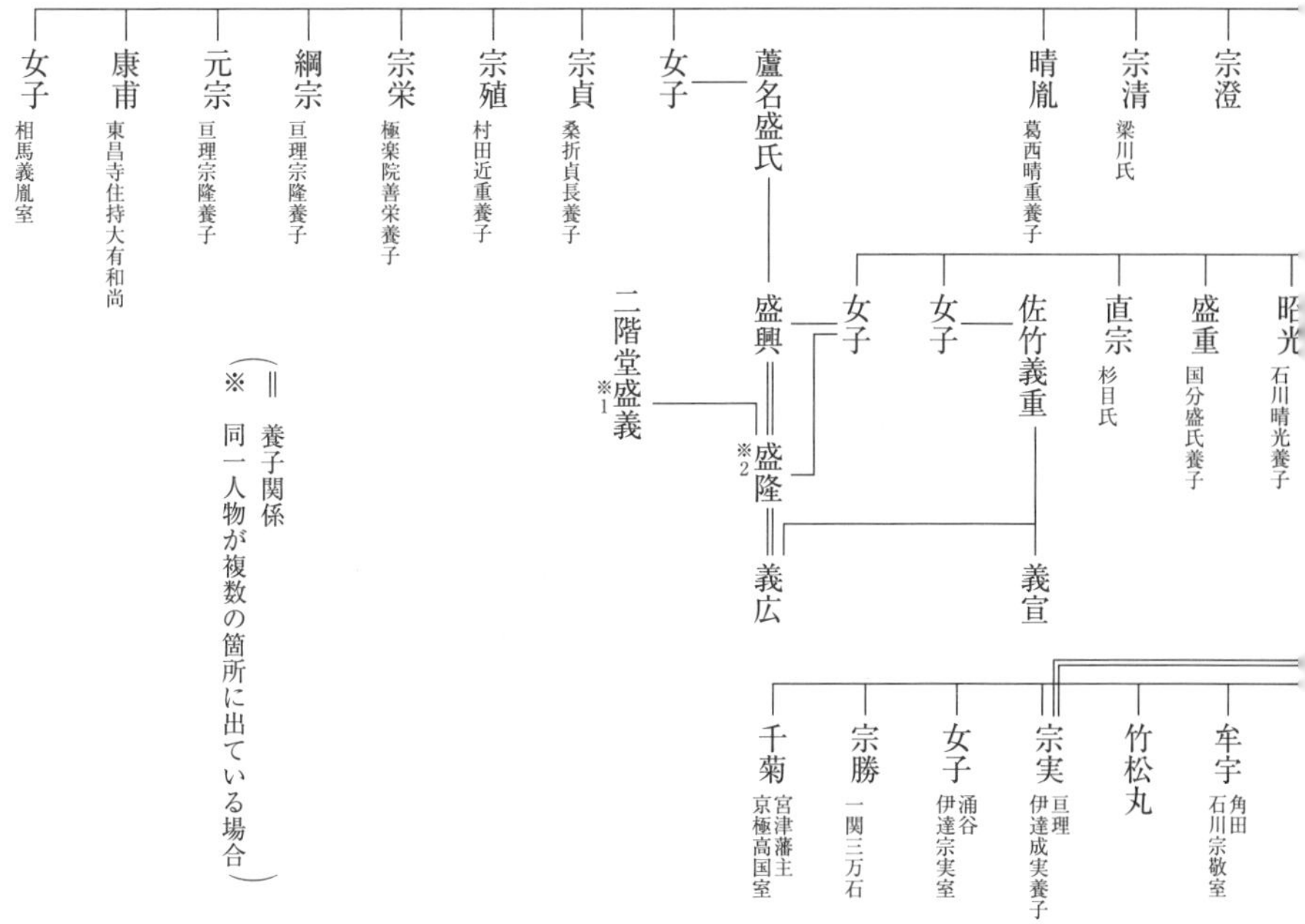
宗澄
宗清
梁川氏
晴胤
葛西晴重養子
蘆名盛氏
女子
宗貞
桑折貞長養子
宗殖
村田近重養子
宗栄
極楽院善栄養子
綱宗
亘理宗隆養子
元宗
亘理宗隆養子
康甫
東昌寺住持大有和尚
女子
相馬義胤室
昭光
石川晴光養子
盛重
国分盛氏養子
直宗
杉目氏
佐竹義重
女子
女子
盛興
二階堂盛義
※1
※2
盛隆
義宣
義広
牟宇
角田
石川宗敬室
竹松丸
宗実
亘理
伊達成実養子
女子
涌谷
伊達宗実室
宗勝
一関三万石
千菊
宮津藩主
京極高国室
（＝　養子関係
※　同一人物が複数の箇所に出ている場合）

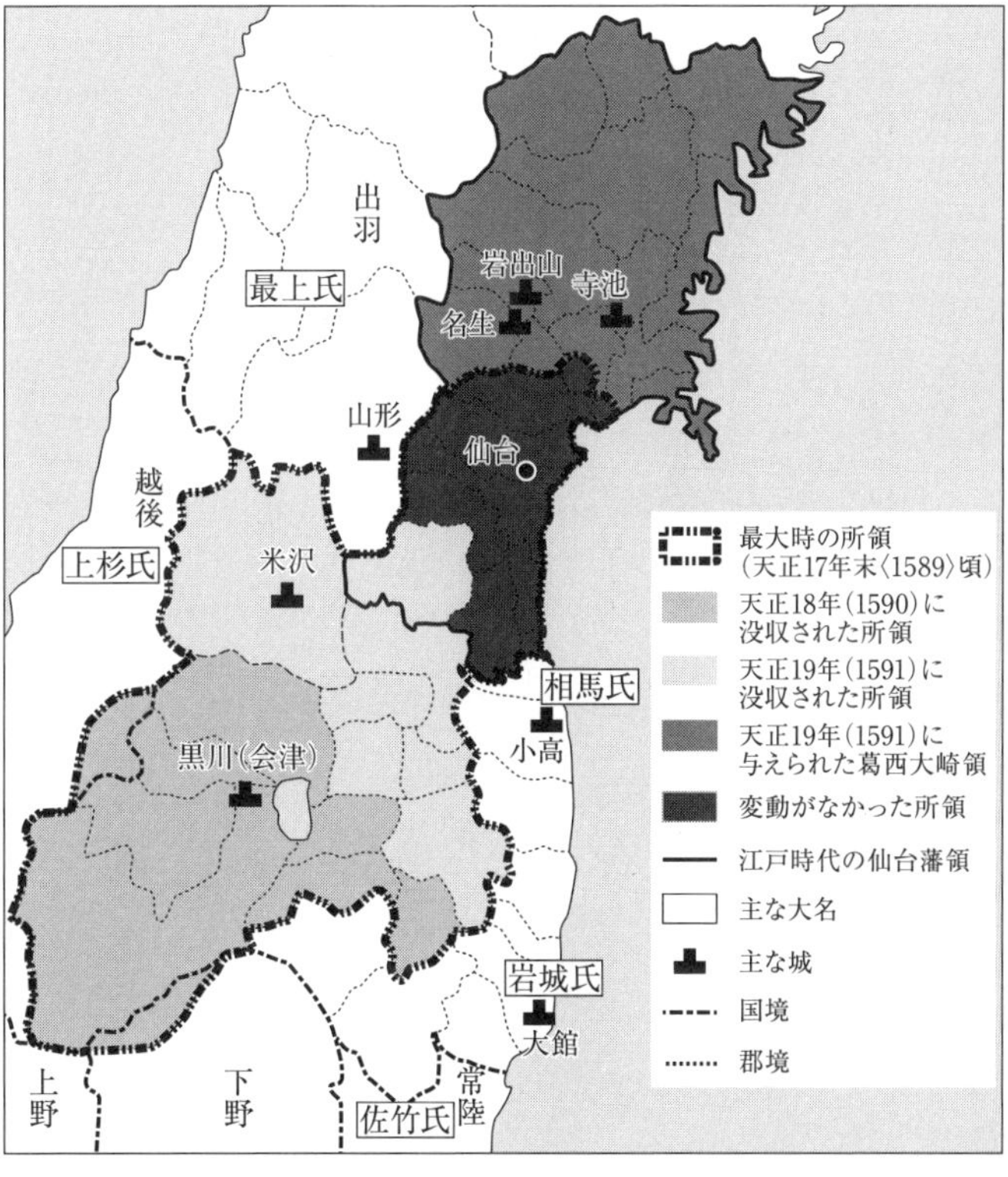
出羽
最上氏
岩出山
寺池
名生
山形
仙台
越後
上杉氏
米沢
相馬氏
小高
黒川（会津）
岩城氏
大館
上野
下野
常陸
佐竹氏
最大時の所領
（天正17年末〈1589〉頃）
天正18年（1590）に
没収された所領
天正19年（1591）に
没収された所領
天正19年（1591）に
与えられた葛西大崎領
変動がなかった所領
江戸時代の仙台藩領
主な大名
主な城
国境
郡境

伊達政宗の所領の変化

（『仙台市史　通史編3　近世1』所収の図をもとに作成）

あとがき

高橋　充

「はしがき」にも書かれているように、本書は三つのシンポジウム・講演会を前提にしている。第一部のもとになった報告・講演は、政宗登場の前史となる伊達氏の歴史をテーマにしたもので、伊達氏のふるさとであり歴史や文化を大切にしている伊達市ならではの企画であった。第二部は、対抗する佐竹・蘆名・相馬などに、青年期の政宗が挑戦し、南奥羽の制覇を成し遂げていった経過を、各報告者が分担して詳しく紹介する内容であった。第三部は、伊達一門や家臣の特色と、村・町支配のあり方について、戦国と江戸を比較するという意欲的な視点で企画されたシンポジウムがもとになっていた。政宗生誕四五〇年を記念して企画された催しは、いずれも盛況のうちに終了した。その余韻が残る中で、本書の出版が準備された詳しい経緯については「はしがき」に書かれている通りである。

問題はその後で、例によって(?)原稿提出の足並みが揃わず、刊行予定は大幅に遅れ、ようやく生誕四五三年目に刊行する運びとなってしまった。また一冊の本にまとめ直すに当たっては、統一ルールは最小限にしたものの、調整することがいろいろと多く、編集や校正作業については、関係者とくに岩田書院には多大な苦労をかけてしまった。

ともあれ、ようやく本書はできあがった。その時、その場限りで消えてしまうことの多い講演や報告の内容を活字として書き残したことによって、何かしら良いことがあってくれれば、と願うばかりである。「本当は、あのシンポには行きたかったんだけど、都合が悪くて…」とか、「あの時に、たしか政宗に関して○○な話を聞いたような気がするけれど、どうだったかな？」などと思っていた方々が、この本を手にとっていただけたならば、嬉しい限りである。

最後になるが、本書を出版するに当たって御理解と御協力をいただいた公益財団法人上廣倫理財団、仙台市博物館、伊達市教育委員会、だて歴史文化ミュージアムに対して、記して謝意を表します。シンポジウム・講演会の会場であった伊達市では、二〇一九年一〇月の台風一九号による被害が、たいへん大きかったと拝聞している。縁あって御来場いただいた市民の皆さんや、お世話になった関係者の方々には、心よりお見舞いを申しあげるとともに、復旧や復興が着実に進むことをお祈りする。

二〇二〇年三月

【執筆者紹介】掲載順

阿部　浩一（あべ　こういち）1967年生
福島大学行政政策学類

今野　賀章（こんの　よしあき）1971年生
福島県伊達市教育委員会教育部生涯学習課

山田　将之（やまだ　まさゆき）1980年生
千代田区日比谷図書文化館

高橋　　明（たかはし　あきら）1942年生
福島県史学会

垣内　和孝（かきうち　かずたか）1967年生
郡山市文化・学び振興公社

高橋　　充（たかはし　みつる）1965年生
福島県立博物館

佐々木倫朗（ささき　みちろう）1966年生
大正大学文学部歴史学科

佐藤　貴浩（さとう　たかひろ）1983年生
足立区地域のちから推進部地域文化課文化財係

遠藤ゆり子（えんどう　ゆりこ）1970年生
淑徳大学人文学部歴史学科

籠橋　俊光（かごはし　としみつ）1972年生
東北大学大学院文学研究科

佐々木　徹（ささき　とおる）1974年生
仙台市博物館

伊達《だて》政宗《まさむね》 —戦国から近世へ—

2020年（令和２年）４月　第１刷　800部発行　　定価［本体2400円＋税］

編　者　南奥羽戦国史研究会

発行所　有限会社岩田書院　代表：岩田　博　　http://www.iwata-shoin.co.jp

〒157-0062 東京都世田谷区南烏山4-25-6-103　電話03-3326-3757　FAX03-3326-6788

組版・印刷・製本：ぷりんてぃあ第二

ISBN978-4-86602-093-8　C3021　¥2400E